꼭지로 짚은

자영업
세무원리

꼭지로 짚은 **자영업 세무원리**

2025년 3월 27일 초판 인쇄
2025년 4월   2일 초판 발행

지 은 이   강상원
발 행 인   이희태
발 행 처   삼일피더블유씨솔루션
등록번호   1995. 6. 26. 제3-633호
주   소   서울특별시 용산구 한강대로 273 용산빌딩 4층
전   화   02)3489-3100
팩   스   02)3489-3141
가   격   25,000원

ISBN   979-11-6784-378-4   03320

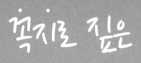

꼭지로 짚은
자영업
세무원리

강상원 지음

SAMIL | 삼일인포마인

머 / 리 / 말

1. 자영업자는 힘들다.

자영업자는 몹시 힘들다. 금융위기라서 힘들고, 세월호라서 힘들고, 코로나라서 힘들고, 탄핵이라서 힘들다. 뉴스에 등장하는 모든 이슈가 자영업자가 힘든 이유가 된다. 경기에 영향 준 적 없다. 경기에 영향 줄 재주도 없다. 그냥 매번 힘들다. 힘든 건 동일하고 이유만 바뀌니 "고난의 행군" 같다.

대기업에 다니는 친구에게 술 한잔 기울이며 물어보았다. 근로자도 힘들다고 한다. 인정한다. 쉬운 삶이 어디에 있으랴.

2. 자영업자는 외롭다.

자영업자는 몹시 외롭다. 가끔 좋은 직원과 거래처도 만나지만 입장이 너무 다르다. 다른 자영업자를 만나보아도 고민이 너무 다르다. 내 고민을 함께해 줄 사람이... 하나도 없다.

대기업에 다니는 친구에게 술잔을 기울이며 물어보았다. 근로자는 외로울 틈이 없다. 하나를 시키면 "검토했냐~?", "비교했냐~?" 하면서, 두 개 세 개를 더 시킨다. 때가 되면 해야 할 일이 저절로 생기고, 단계가 되면 알아서 보고를 해야 한다. 시키는 것 없어도 바쁘고, 시키는 것 있으면 더 바쁘다. 왜 시키는 것은 항상 "0순위"인지, 도대체 "2순위"는 어디에 있는지 알 수가 없다. 근로자는 힘들지만 적어도 외롭지는 않다. 외로울 틈이 없다.

3. 자영업자는 계획이 필요하다.

자영업자는 사장이다. 누가 뭐라고 하는 사람이 없다. 어릴 땐 주변 사람들과 관심사가 같았다. 그래서 가만히 있어도 정보가 모였다. 그러나 이젠 분야도 다르고, 하는 일도 다르다. 계획이 있어야 실행하고 반성하며 분발할 수 있다. 발전할 수 있다. 자영업자는 유능하지만 혼자서 모두 해결할 수는 없다. 자영업자의 사업을 함께 고민하고 상담할 수 있는 동반자가 있었으면 좋겠다.

4. 해결이 아닌 참조..

이 책은 근로자로 10년을 지낸 김자영이 회사를 퇴사하고 사업을 하면서 마주치는 일들을 주저리주저리 풀어서 이야기하고 있다. 1년차엔 창업하고, 5년차엔 법인전환 해야지. 돈이 모이면 아파트도 분양받고, 상가도 알아 봐야지. 사업이 성장하면 기부도 하고, 증여도 해야지 하는 경험담이다. 독자의 미래에 등장할 문제에 대한 김자영 씨의 경험이다. 김자영과 함께 문제를 고민한 세무사의 이야기가 해답은 아니라 하더라도 괜찮은 참조는 될 수 있지 않을까?

출간에 도움을 주신 삼일피더블유씨솔루션 이희태 대표이사님, 김동원 이사님, 임연혁 차장님, 이슬기 대리님, 오미연 대리님과 교정해 주신 안지헌 세무사님께 감사드린다.

2025. 03.
선릉역 사무실에서 **강 상 원**

목차

꼭지로 짚은 자영업 세무원리

제**1**장

개인의
사업소득

제1절
김자영 퇴사하다.

I 내 퇴직금은 얼마나 될까?

김자영은 10년 동안 대기업에서 재직하였다. 올해 40세가 되면서 정든 회사를 퇴직하고 새로운 사업을 해보려고 한다. 회사생활이 나빴던 것도 아니고, 동료관계가 힘들었던 것도 아니었다. 회사의 업무는 성취감이 있었고, 주변의 인정을 받으며 진급도 순조로웠다.

그러나 주변 선배, 임원들을 보면 50세 이상이 드물었다. 50세가 넘으면 새로운 도전은 더 힘들 것 같았다.

슬하에는 10살짜리 자녀도 있고, 근로자인 와이프도 있다. 경기도에 분양받은 아파트는 중도금 대출이 남아 있지만, 내년 입주할 때 세입자를 들이면 자금사정도 무리가 없을 것 같다. 남의 집에 전세사는 상황이 그다지 불편하지도 않다.

1. 내 퇴직금은 얼마나 될까?

인사팀에서 퇴직금은 연봉과 근속연수를 고려하여 산정하는데, 김자영의 퇴직금은 6천만 원이라고 알려주었다. 10년 동안 일한 것치고 적은 것 같기도 하다. 희망퇴직을 기다려볼까 싶지만 결정을 늦추는 것이 현명한 것 같진 않았다.

구분	금액	비고
연봉	73,000,000	
직전 3개월 임금총액	18,400,000	3개월간 임금총액 + 직전 1년 상여의 3/12 + 연차수당 x 전전년도 연차 중 전년도 미사용 일수
1일 평균임금	200,000	직전 3개월 임금총액 / 3월 일수
퇴직금	60,000,000	30일치 임금 × 근속연수(10년)

① 통상임금 : 근로자에게 고정적으로 지급되는 임금이다. 초과근로수당, 연차수당 등은 포함되지 않는다. 초과근로수당, 연차수당은 통상임금을 기준으로 계산한다.
② 평균임금 : 통상임금과 상여금, 연장·야간·휴일근로수당 등 모든 임금 항목이 포함된다. 퇴직금은 평균임금을 기준으로 계산한다.

2. 퇴직금은 IRP 계좌로 입금

퇴직금을 받으면 퇴직소득세를 내야 하는 데 퇴직할 때 징수하지는 않는다. 퇴직연금(DB, DC)에 가입되어 있는 근로자는 반드시 퇴직금을 IRP 계좌를 통해서 수령하도록 법에서 정하고 있다. 이때 퇴직금은 퇴직소득세를 차감하지 않은 전체 금액이 IRP 계좌로 입금된다. 즉, IRP 계좌에서 돈을 찾을 때까지 정부에서 떼어갔어야 할 세금으로 계속해서 수익을 낼 수 있다. 이것을 과세이연이라고 부른다.

Ⅱ IRP 계좌란

김자영은 회사를 떠나며 긴 한숨을 내쉬었다. 10년간 근속했던 대기업. 수많은 밤을 새우고, 크고 작은 프로젝트를 이끌며 쌓아온 시간이었다. 그러나 이제는 스스로의 길을 가기로 결심했다.

퇴직금은 6천만 원. 그동안 묵묵히 일한 대가였다. 퇴직금이 들어올 계좌가 필요했다. 회사는 IRP 계좌를 개설하라고 했다. 퇴직금은 IRP 계좌로만 받을 수 있기 때문에 IRP 계좌를 개설했다. 김자영은 퇴직금 전용 계좌라니 별생각 없이 만들었지만, 이후 IRP 계좌의 혜택을 알게 되면서 한숨을 쉬었다. 이 계좌를 미리 만들어 두었다면 연말정산 때 좀 더 많이 환급받을 수 있었다. 그동안 연말정산은 인사팀이 시켜서 하는 귀찮은 일이라고 여겼었다.

1. IRP 계좌의 특징

퇴직금은 IRP(Individual Retirement Pension) 계좌로 받을 수 있다. IRP 계좌는 퇴직금 전용 계좌로, 은퇴 시 일시금이나 연금으로 받을 수 있는 금융상품이다.

① IRP 계좌로 입금된 퇴직금은 언제든지 계좌를 해지해 찾을 수
있다.
② 연금으로 수령하기 위해서는 55세까지 기다려야 한다.

2. IRP 계좌의 필요성

1) 퇴직금을 받기 위해서 필요하다.

현재 퇴직금은 무조건 IRP 계좌로만 받을 수 있다. 퇴직 후 일시
금으로 받을 수도 있고 만 55세 이후 연금 형식으로 정기적으로 받
을 수도 있다. 퇴직금을 일시금으로 받으면 퇴직소득세를 납부해야
하지만, 연금으로 받으면 30~40%의 세금 감면 혜택을 받기 때문
에 연금형식으로 받는 것이 절세측면에서 유리하다.

2) 퇴직금 이외에 추가로 납입하여 세제 혜택을 받을 수 있다.

IRP 계좌에는 회사에서 주는 퇴직금 이외에도 본인이 원한다면
연금저축계좌와 합하여 매년 1,800만 원까지 추가로 저축할 수 있
다. 이때 900만 원 한도로 연말정산 시 세액공제가 되므로 최대
16.5% 즉, 148만 5천 원을 돌려받을 수 있다.

Ⅲ 퇴직소득세는 언제

사업을 준비해야 했다. 김자영은 IRP 계좌에 입금된 퇴직금을 인출했다. 퇴직소득세 154만 원이 빠져나가는 것을 보며, 나에게 IRP는 스쳐지나가는 계좌라고 여겨졌다. 구슬이 서말이라도 꿰어야 보배인데 옆에 있어도 이용하지 않으면 없는 것과 같다.

1. 퇴직금에 대한 소득세 등은 IRP 계좌에서 인출할 때 납부하게 된다.

구분	금액	비고
퇴직금	60,000,000	IRP 계좌 입금
근속연수공제	15,000,000	5년 × 100만 원 + 추가 5년 × 200만 원
퇴직소득세	1,400,000	근속연수공제 및 환산급여에 따른 차등공제 반영
지방소득세	140,000	퇴직소득세의 10%
실수령액	58,460,000	IRP 계좌 출금시 실수령액

2. 김자영의 사업자금

김자영은 퇴직금으로 사업을 해보려고 한다. 8,460,000원은 고생하신 와이프님에게 드리고 5천만 원은 사업자금으로 하는 것이 좋겠다. 퇴직소득세는 인사팀에서 계산해서 IRP 계좌 개설 은행에 알려준다고 한다. 어떻게 산출되었는지 모르겠지만 한두 번 하는 일도 아닐 테니 행여나 틀릴 일은 없을 것이다. 이때까지 세금계산

과 원천징수는 김자영과 아무 상관없는 일이었다. 이것이 근로자만

누릴 수 있는 특권이란 것을 이때까지는 알지 못했다.

DB형 DC형 퇴직연금

DC(확정기여)형은 회사의 근로자에 대한 퇴직금 지급의무가 퇴직연금
납부로 종결되는 형태의 퇴직연금제도이다. 회사의 업무가 단순하므로
중소기업에서 선호한다. DC제도에서 퇴직연금의 운용은 회사가 관여
할 바가 아니고 근로자의 선택사항이 된다. 따라서 근로자가 추가로 납
입할 수도 있다. 이때 DC 계좌 또는 IRP 계좌에 연금저축처럼 돈을 납
입하면 연말정산 혜택을 받을 수 있다.

대출을 알아보다.

Ⅰ 예비창업자 대출이란?

김자영은 사업자금을 마련하기 위해 신용보증기금(신보)과 기술보증기금(기보)을 통한 대출 사례를 검색해 보았다. 한 광고회사는 창업 2년 차로서 기술보증기금의 지원을 받아 사업자 신용대출을 받았다. 기술력이 있는 기업만 보증한다는 인식이 있었지만, 이 회사는 기술보증기금의 보증서를 통해 필요한 자금을 확보할 수 있었다. 또한, 신용보증기금은 중소기업의 금융비용 부담을 줄이기 위해 은행과 협력하여 대출금리를 최대 3년간 1.5% 감면해주는 프로그램을 운영하고 있다. 여러 제도들이 있는데 김자영에게도 해당되는 것인지? 과연 대출이 얼마나 필요한지 고민하기 시작했다.

1. 예비창업자 대출은 어디서?

예비창업자 대출은 신용보증기금, 은행, 정부지원사업 등을 통해 지원받을 수 있다.

1) 신용보증기금

창업하기 전에 예비창업자가 창업을 위해 필요한 자금을 보증하는 제도이다.

현장조사를 마치면 보증서를 발급하고, 보증료를 납부하면 대출을 받을 수 있다.

2) 은행

청년창업대출은 소호대출로, 보증서를 담보로 창업자금을 지원해주는 상품이다. 보증서는 신용보증기금 또는 은행권청년창업재단에서 발급받을 수 있다. 은행권청년창업재단은 청년세대 창업지원을 통한 일자리 창출에 기여하고자 19개 금융기관이 설립한 공익재단법인이다.

3) 정부지원사업

청년전용 창업자금은 창업을 준비하고 있는 예비창업자를 지원대상으로 한다.

벤처기업이나 스타트업도 중소기업의 범주에 포함된다.

2. 예비창업자 대출은 주의사항

예비창업자 대출을 받기 위해서는 창업계획서를 작성하여 심사에 통과해야 한다. 또 예비창업자로 대출을 받기 위해서는 예비창업자의 지위를 유지하여야 한다. 즉, 사업자등록을 하는 순간 예비창업자대출은 어려워진다. 김자영은 아직 사업자등록을 하지 않았지만, 순간 아찔했다. 사업자등록하는 순간 기회가 없어질 수도 있었다.

김자영은 올해 마흔이니 청년은 아니겠지 싶었다. 벤처기업, 스타트업도 해당이 없을 듯 보였다. 대출의 요건이 꽤 까다로운 것 같아서 망설여진다.

tip

신보와 기보

신용보증기금(신보)과 기술보증기금(기보)은 모두 중소기업 및 창업기업의 자금 조달을 지원하는 보증기관이지만, 보증 방식과 지원 대상 등에 차이가 있다.

1. 기관 개요
 1) 신용보증기금(신보)
  ① 설립 목적 : 일반 중소기업 및 창업기업의 자금 조달 지원
  ② 설립 근거 : 「신용보증기금법」
  ③ 운영 방식 : 기업의 신용도를 평가하여 금융기관 대출에 대한 보증 제공
  ④ 대상 기업 : 일반적인 중소기업, 창업기업

 2) 기술보증기금(기보)
  ① 설립 목적 : 기술력이 우수한 기업의 자금 조달 지원
  ② 설립 근거 : 「기술보증기금법」
  ③ 운영 방식 : 기업의 기술력을 평가하여 금융기관 대출에 대한 보증 제공
  ④ 대상 기업 : 기술 기반 중소기업, 벤처기업

2. 주요 차이점

항목	신용보증기금(신보)	기술보증기금(기보)
설립 목적	신용보증을 통한 중소기업 자금 지원	기술보증을 통한 기술 기업 지원
보증 기준	신용 평가 중심	기술 평가 중심
보증 대상	일반 중소기업, 창업기업	기술 기반 기업, 벤처기업
보증 한도	기업 규모와 신용도에 따라 결정	기술력과 성장 가능성에 따라 결정
주요 지원 프로그램	창업·운전자금 보증, P-CBO 보증 등	기술금융 보증, 연구개발특례보증 등

3. 선택 기준

① 기업의 신용 상태가 우수하다면 신보에서 보증받는 것이 유리하다.

② 기업이 기술력을 기반으로 사업을 운영한다면 기보를 활용하는 것이 적합하다.

③ 벤처 인증을 받거나 연구개발 중심 기업이라면 기보를 통한 보증이 더 유리할 수 있다.

④ 일반적인 중소기업은 신보, 기술력이 강점인 기업은 기보를 활용하는 것이 일반적이다.

Ⅱ 창업자금 대출이란?

1. 창업자금 대출

창업자금 대출에 대한 다양한 정보가 넘쳐났다. 유튜브나 블로그를 보고 정리하면 아래처럼 요약할 수 있다.

① 정부 지원 대출을 먼저 살펴봐야 한다. 저금리, 장기대출이 가능하기 때문이다.

② 신용등급이 낮다면 신용보증기금 보증대출을 활용해야 금리

절감의 가능성이 있다.

③ 일반 금융권 대출은 고액의 자금이 필요하고 신용등급이 높을
때 유리하다.

④ 초기 창업자라면 소상공인 정책자금 또는 중진공 창업대출을
알아보아야 한다.

필요한 자금 규모와 조건을 비교하여 가장 유리한 대출을 선택하
는 것이 중요하다. 어떤 대출이 가장 적합할지 고민된다면, 소상공
인진흥공단 또는 중진공 상담센터에 문의하는 것이 좋다.

2. 창업자금 대출의 종류

1) 정부 지원 창업자금 대출

① 중소벤처기업진흥공단(중진공) – 창업자금
- 대상 : 업력 7년 미만의 창업 기업
- 대출한도 : 최대 1억 원 (시설자금은 10억 원까지 가능)
- 금리 : 연 2~4%대 (고정금리 또는 변동금리 선택 가능)
- 상환기간 : 최대 10년 (거치기간 포함)
- 신청 방법 : 중진공 홈페이지에서 신청 후 면담 진행
- 특징 : 기술력과 사업성이 중요한 평가 기준이며, 신용 등급이
낮아도 심사 가능하다.

② 소상공인진흥공단 – 창업 대출 (소상공인 정책자금)

- 대상 : 창업 후 1년 이내의 소상공인

- 대출한도 : 최대 7천만 원

- 금리 : 약 2%대 (정책에 따라 변동 가능)

- 상환기간 : 5년 (2년 거치 후 3년 분할상환)

- 신청 방법 : 소상공인 정책자금 사이트 또는 지역센터 방문 신청

- 특징 : 신용등급이 낮아도 대출 가능성이 높고, 사업장이 있어야 신청 가능하다.

③ 신용보증기금 – 창업기업 보증대출

- 대상 : 창업 5년 미만 기업

- 보증 한도 : 최대 10억 원 (기업 신용도에 따라 다름)

- 보증 비율 : 대출금의 85~100% 보증

- 대출 가능 은행 : 국민은행, 신한은행, 우리은행, 기업은행 등

- 신청 방법 : 은행 또는 신용보증기금 홈페이지에서 신청할 수 있다.

- 특징 : 보증서를 활용해 낮은 금리(연 3~5%대)로 대출 가능하다.

2) 금융권 창업대출

- 대상 : 창업을 준비하는 개인사업자 또는 법인

- 대출한도 : 최대 5억 원 (은행별 상이)

- 금리 : 연 4~7%대

- 상환기간 : 보통 35년 (거치기간 12년 가능)

- 필요 서류 : 사업계획서, 예상 매출자료, 신용등급 평가자료

3. 창업자금 대출 신청 시 필요 서류

1) 필수 서류

① 사업계획서 (정부 지원 대출 필수)

② 대표자 신분증, 사업자등록증

③ 사업장 임대차 계약서

④ 재무제표 또는 예상 매출자료

2) 추가 서류 (필요시)

① 신용보증서 (신용보증기금 이용 시)

② 개인 또는 법인 신용등급 확인서

4. 창업자금 대출 신청 시 유의할 점

① 사업계획서가 중요하다. 매출 예상, 운영 계획 등이 구체적이어야 심사를 통과할 확률이 높다.

② 신용등급이 낮다면 보증서 활용해야 한다. 신용보증기금, 기술보증기금을 이용할 수 있다.

③ 거치기간을 고려하여야 한다. 창업 초기에는 매출이 적을 수 있으므로 상환유예 기간을 활용한다.

중진공이란?

중소벤처기업진흥공단(중진공)은 중소기업의 성장과 경쟁력 강화를 지원하기 위해 설립된 정책금융기관이다. 중소벤처기업부 산하 공공기관으로, 직접 자금을 지원하는 정책자금 대출, 창업·수출·기술개발 지원 등의 역할을 수행한다.

1. 보증기관(신보, 기보)과의 차이점
 ① 신보와 기보는 금융기관 대출을 보증하는 방식이지만, 중진공은 기업에 직접 대출을 해준다.
 ② 신보와 기보는 기업의 신용이나 기술력을 평가하여 금융기관을 통한 대출을 지원하는 반면, 중진공은 정책자금을 직접 운용하며 금리가 상대적으로 낮다.

2. 벤처 투자 기관(한국벤처투자)과의 차이점
 ① 중진공은 대출 중심이지만, 한국벤처투자는 모태펀드를 통해 벤처캐피털(VC)을 지원하는 간접 투자 방식을 취한다.

3. 소진공(소상공인시장진흥공단)과의 차이점
 ① 중진공은 중소기업 및 벤처기업을 대상으로 하나, 소진공은 소상공인과 전통시장을 주로 지원한다.
 ② 소진공의 대출 규모는 중진공보다 작으며, 창업 초기 소상공인을 위한 지원이 많다.

Ⅲ 세무사를 만나다.

대출 및 지원금에 대한 정보는 많은데, 이용할 수 있는 것인지? 꼭 필요한 것인지? 감이 오지 않는다. 무엇보다 김자영의 사업에 얼마만큼의 자금이 필요한 지 불분명했다. 고민하던 중 전 직장에서 만난 세무사가 떠올라 연락해봤다. 세무팀, 회계팀과 자주 업무하던 걸 봤고, 직장동료들에게 물으니 어느 정도 검증된 인물 같았다. 몇 번 술자리에서 새벽까지 불태운 적이 있으니 만나보면 좋겠다 싶어 연락했다. 전 직장 근처 삼겹살 집에서 세무사를 만났다.

1. 목적사업을 정할 것

사업의 내용에 관하여 이야기를 두서없이 나누었다. 김자영은 하고 싶은 사업이 많았다. 이야기 중에 등장한 업종은 아래와 같다.

① 경영컨설팅업 : 기술서비스업

② 도·소매업 : 한국에서 상품을 매매하는 사업

③ 임대업 : 상가 등을 매입하여 임대하는 사업

④ 부동산매매업 : 부동산을 매매하거나, 건물을 신축하여 판매하는 사업

⑤ 무역업 : 한국의 제품을 해외로 수출하는 사업

2. 해당 업종의 업종코드 및 표준산업분류

업종코드	표준산업분류	대분류	세세분류	적용범위 및 기준
519111	46800	도매 및 소매업	상품 종합 도매업	직수출, 대행(위탁)수출
519910	46800	도매 및 소매업	상품 종합 도매업	각종 상품을 구매하여 도매
521991	47190	도매 및 소매업	그 외 기타 종합 소매업	매장을 갖추고 여러 상품을 소매
701201	68112	부동산업	비주거용 건물 임대업 (점포, 자기땅)	점포, 사무실을 임대
703011	68121	부동산업	주거용 건물 개발 및 공급업	건설공사를 일괄 도급하여 주거용 건물을 건설하고, 이를 분양
703014	68122	부동산업	비주거용 건물 개발 및 공급업	건설공사를 일괄 도급하여 비주거용 건물을 건설하고, 이를 분양
741400	71531	전문, 과학 및 기술서비스업	경영 컨설팅업	다른 사업체에게 사업 경영 문제에 관하여 자문 및 지원하는 산업활동을 말한다.

업종코드와 표준산업분류

1. 국세청 업종코드란?

   국세청이 세금 신고 및 납세 관리를 목적으로 사업자의 업종을 분류한 코드 체계이다. 사업자등록 신청 시 업종을 신고하면, 해당 업종에 맞는 업종코드가 부여된다. 국세청의 세무행정에 최적화된 분류체계이며, 부가가치세 신고, 법인세 및 소득세 신고 시 활용된다.

2. 한국표준산업분류(KSIC)란?

   통계청이 경제 활동을 체계적으로 분류하여 정책 수립, 연구 및 통계 작성을 목적으로 운영하는 산업 분류체계이다. 경제활동의 유사성을 기준으로 산업을 분류하며, 국제표준산업분류(ISIC)에 맞춰 국제 비교도 가능하다.

구분	국세청 업종코드	한국표준산업분류(KSIC)
목적	세금 신고 및 과세	산업 통계 및 정책 수립
운영 기관	국세청	통계청
분류 기준	세무 행정에 최적화	경제활동의 유사성 중심
코드 구조	보다 세분화됨	산업 전반을 포괄적 분류
상호 관계	KSIC를 기반으로 국세청이 조정	KSIC 하나에 여러 국세청 업종코드가 대응 가능

3. 세무사의 조언

법인이 유리한 사업과 개인이 유리한 사업이 따로 있다.

1) 부동산매매업

부동산매매업은 법인이 유리한 사업이라고 한다. 개인은 예정신고의 의무가 있어서 협력의무가 많고, 비사업용토지 등은 종합소득세와 양도소득세 중 큰 세금을 납부해야 해서 세부담이 높다고 했다. 당장 법인을 설립할 건 아니어서 부동산매매업은 우선순위에서 뒤로 미루기로 했다.

2) 임대업

임대업은 개인이 유리하다고 했다. 수도권에 있는 법인은 설립 후 5년 내에 수도권에서 부동산을 취득하면 취득세가 중과세된다고 한다. 개인은 4.6%만 취득세를 내면 되는 데 법인은 9.4%의 취득세를 낸다는 것이다. 또한 가족법인이 이자, 배당, 임대업소득 등 불로소득이 많고, 근로자가 적은 경우 성실신고대상 법인이 된다고 했다. 성실신고하는 법인세는 최저세율이 9%가 아니라 19%가 되어 결코 저렴하지 않다(2025년 개정). 부동산을 취득할 수 있는 자금을 모으고 난 이후의 일이라 임대업도 우선순위에서 뒤로 미루기로 했다.

3) 경영컨설팅업과 도·소매업

경영컨설팅업은 개인 또는 법인에 따른 유불리가 적고, 필요한 인·허가나 등록절차도 없어 가장 간편하다고 했다. 이때 자택으로 사업자등록할 수도 있지만 추천하지 않는다는 말도 덧붙였다. 사업은 외형이 중요하다는 것이 그 이유였다. 도·소매업 및 무역업은 다른 업종이 아니고 국내에 팔면 도·소매업이고 해외에 팔면 무역업이 되는 것이라고 한다. 다만, 무역업 고유번호를 부여 받아야 수출을 할 수 있다. 무역업 고유번호는 산업통상자원부가 무역업자에게 부여하는 번호로, 한국무역협회에 신청서 및 사업자등록증과 같은 첨부서류를 제출하면 신청 즉시 부여해 준다(대외무역법 시행령 제21조 제1항). 또 수출을 하면 매입 부가가치세를 돌려주는 등 세법상 혜택도 많다고 한다.

4. 필요자금의 산정

우선 경영컨설팅업과 유통업을 시작하기로 하였다. 사업자등록증은 언제든지 특별한 비용없이 수정이 가능하므로 경영컨설팅업으로 먼저 등록하여 사업체를 꾸리고, 도·소매업은 이후에 필요할 때 업종을 추가하기로 했다.

사업장의 위치는 자택이나 공유오피스도 가능하지만 별도로 임차하기로 하였다. 월 임대료는 100만 원(VAT 제외)으로 예상된다. 직원은 한 명 정도 필요할 것 같다. 2025년 최저시급은 10,030원이고 월급으로 환산하면 2,096,270원이다.

여기에 복리후생비(식대, 교통비 등) 및 시간외 근로수당, 연차수당도 발생할 것이다. 또한 고용으로 인하여 발생하는 4대보험료도 있을 것이다. 복리후생비와 4대보험 사업주부담분을 고려하면 다음과 같다.

구분	단가	수량	금액	비고
임대료	1,000,000	12	12,000,000	10평
인건비	2,096,270	12	25,155,240	1명
4대보험	218,012	12	2,616,145	1명
복리후생비	400,000	12	4,800,000	2명
상품매입			–	개시 미정
기타비용			5,428,615	추산
비용소계			50,000,000	

　　연봉 73백만 원이 없어지고, 퇴직금 5천만 원도 까먹는 것이므로 매년 1.23억 원 손해가 난다. 등줄기가 서늘하다. 다행히 기대되는 첫해 매출이 5천만 원 정도 될 것 같고 매년 꾸준히 성장할 것 같다.

1) 직전사업연도 수입금액이 24백만 원 미만이라면 단순경비율 대상자라고 하여 장부작성 없이 세부담을 낮게 신고할 수 있다.

2) 직전사업연도 수입금액이 48백만 원 미만이면 소규모사업자라고 하여 장부작성 없이 기준경비율로 신고할 수 있다. 기준경비율은 세부담이 낮지 않기 때문에 인건비, 임차료 등의 주요 증빙은 챙겨야 한다.

3) 직전사업연도 수입금액이 75백만 원 미만이면 간편장부를 작성해야 한다. 복식부기로 작성할 필요는 없지만 복식부기로 작성하면 기장세액공제라는 혜택이 있다. 장부작성 없이 기준경비율을 적용하여 신고한다면 무기장가산세를 부담할 수 있으

니 주의해야 한다. 75백만 원이면 김자영의 연봉과 비슷한 수준이다. 그러나 수입금액은 남는 돈이 아니다. 원가율이 60%만 되어도 남는 돈은 3천만 원이므로 연봉과 비교할 수 없다.

4) 직전사업연도 수입금액이 75백만 원 이상이면 복식부기에 의한 장부를 작성해야 한다. 사업용계좌도 사용하여야 한다. 아주 영세하지만 않다면 대부분의 사업자가 복식부기의무자가 된다.

5) 직전사업연도 수입금액이 5억 원 이상이면 성실신고대상이 된다. 세부담도 무겁고 검증도 꼼꼼하다. 이때부터는 세무조사가 나올 수 있다고 생각하고 준비하여야 한다.

간이과세자와 간이과세자 포기신청

1년간 매출액이 1억 4백만 원 이하면 간이과세자로 등록할 수 있다. 간이과세자는 부가가치세를 매출액으로 계산해서 1년에 한 번만 신고하는 사업자이다. 간이과세자는 연매출 48백만 원 이하면 부가치치세를 납부하지 않아도 된다.

그러나 매입부가가치세를 환급받을 수 없고, 직전연도 매출액이 48백만 원 미만인 간이과세자는 세금계산서를 발급할 수 없다. 간이과세자에게는 세금계산서를 못 받는다는 인식 때문에 거래상대방이 간이과세자와 거래하기 꺼리는 경우가 많다. 이런 점을 고려하여 간이과세를 포기하는 절차를 두고 있다.

업종	성실신고	간편장부 대상자	단순 경비율 대상자
농업·임업 및 어업, 광업, 도매 및 소매업(상품중개업을 제외), 부동산매매업(비주거용 건물건설업과 부동산 개발 및 공급업), 그 밖에 아래 항목에 해당되지 아니하는 사업	15억 원 이상	3억 원 미만	6천만 원 미만
제조업, 숙박 및 음식점업, 전기·가스·증기 및 공기조절공급업, 수도·하수·폐기물처리·원료재생업 및 환경복원업, 건설업(주거용 건물 개발 및 공급업에 한정), 운수업 및 창고업, 정보통신업, 금융 및 보험업, 상품중개업	7.5억 원 이상	1억 5천만 원 미만	3천 6백만 원 미만
부동산임대업, 부동산업(부동산매매업은 제외), 전문·과학 및 기술서비스업, 사업시설관리 및 사업지원서비스업, 교육서비스업, 보건업 및 사회복지서비스업, 예술·스포츠 및 여가관련 서비스업, 협회 및 단체, 수리 및 기타개인서비스업, 가구내 고용활동	5억 원 이상	7천 5백만 원 미만	2천 4백만 원 미만

① 간편장부 대상자가 아니면 모두 복식부기의무자이다. 의사, 변호사 등 전문직 사업자는 수입금액과 상관없이 복식부기의무자가 된다.

② 신용카드, 현금영수증 상습발급거부, 현금영수증 미가맹사업자는 단순경비율을 적용할 수 없다.

③ 직전사업연도 사업소득의 수입금액이 4,800만 원 미만인 소규모사업자는 무기장가산세가 없다.

5. 자금조달이 필요한지?

대출로 자금조달하는 것은 부담이 된다. 차라리 부모님에게 1억 원 정도 빌리면 좋을 듯하다. 부모와 자식 간의 자금거래는 세금이 우려된다.

가족에게 돈을 빌리다.

I 부모님께 빌리면 증여세는?

1. 부의 무상이전은 증여세

부를 유상으로 이전하면 소득세가 과세되고, 무상으로 이전하면 증여세가 과세된다.

예를 들어 성인자녀에게 2억 원을 증여하면 증여세가 2천만 원이 과세된다.

① 2억 원 - 5천만 원(공제한도) = 1억 5천만 원

② 1억 5천만 원 × 20%(5억 원 이하 세율) = 3천만 원

③ 3천만 원 - 1천만 원(누진공제액) = 2천만 원

2. 증여추정과 차입규모 결정

원칙적으로 빌리는 것은 돌려줄 것이기 때문에 증여세가 과세되지 않는다. 그러나 과세관청은 부모자식 간에 돈을 빌려준 때에는 일단 증여로 추정한다(증여추정). 따라서 차용증을 쓰고 실제로 변

제해야 증여로 보지 않게 된다. 이 때에도 무이자로 큰 돈을 빌려주면 이자부분은 증여가 될 수 있다.

이자율 차이로 인한 이익의 증여가 1천만 원이 넘어가면 증여세가 과세된다. 무이자를 가정할 경우 4.6%로 계산한 이자가 1천만 원이 넘어가는 규모는 약 217백만 원이다. 따라서 2억 원까지는 무이자로 빌려줘도 세법상 문제가 없다고 하겠다. 만일 217백만 원이 넘게 되면 증여시점은 대출 후 1년이 되는 날이 아니라 대출한 날이 된다.

따라서 금전소비대차를 작성하고 원리금을 약정일마다 상환하여야 한다.

3. 금전소비대차계약은 어떻게?

김자영의 경우 2억 원까지는 필요없고 1억 원만 차입해도 충분할 것 같다. 다만 미래는 모르는 일이라 혹시나 부족하지 않을까 염려가 되기도 한다. 이때 금전소비대차계약서를 한도방식으로 작성하는 것이 좋다.

1) 건별대출과 한도대출

한도대출이란 간단히 말하면 마이너스통장과 유사하다. 건별대출 5천만 원을 실행하면, 통장에 5천만 원 입금되고, 통장 잔액도 5천만 원으로 표시가 된다. 반대로 한도대출 5천만 원을 실행하면,

대출금이 5천만 원일 때까지 돈을 뽑아서 쓸 수 있다. 대출이 실행되는 날부터 대출이자가 발생하기 시작한다.

2) 한도방식 금전소비대차계약서

금전소비대차계약서(한도방식)

제1조 【대여일시 및 대여금액】
 1. '갑'은 [별첨1]의 대여일자에 대여금액을 '을'에게 대여한다. 단, 대여금의 한도는
  ___억 원으로 한다.
 2. '을'이 '갑'으로 부터 차용한 자금은 □자산취득, □채무상환, □사업자금, □교육비,
  □기타(   )의 용도로 사용하여야 한다.
제2조 【변 제】
 1. '을'은 제1조의 원금을 [별첨1]의 대여일자로 부터 5년이 되는 날 대여금 전액을 변제하여야 한다.
 2. '을'은 전항에서 정한 상환일 전에 대여금을 변제할 수 있다. 조기변제시 이자는 일할 계산하고 제1항에 정한 기일에 상환한다.
 3. '을'은 [별첨1]의 대여일로 부터 6개월마다 ___백만 원 이상의 원금을 변제하도록 노력하여야 한다.
제3조 【이자 및 지연손해금】
 1. 본 계약 대여금의 이자는 [별첨1]의 대여일로부터 원금의 연 4.6%의 비율로 한다.
 2. 전항에 불구하고 [별첨1]의 대여금 총액 중 2억 원에 대한 이자는 없는 것으로 한다.
 3. 이자는 원금의 상환과 동시에 '을'이 '갑'에게 지불하기로 한다.
 4. '을'이 본 전항의 이자 변제를 지체한 때에는 지체한 금액에 대하여 연 5%의 비율에 의한 지연손해금을 '갑'에게 지급하여야 한다.
제4조 【기한의 이익상실】
 '을'은 다음의 경우에 해당할 때에는 기한의 이익을 상실하고 상실일로부터 3개월 내에 원리금을 일시에 지불한다.
 1. '을'이 원금 또는 이자의 지불을 2개월 이상 지연하였을 경우
 2. '을'이 제3자로부터 차압, 가차압, 가처분을 받거나 혹은 경매의 신청 또는 파산선고의 신청을 받았을 경우
 3. '을'이 '갑'으로부터 차용한 자금을 제1조 제2항의 용도로 사용하지 않았다고 '갑'이 판단되는 경우

4. 기타 '갑'의 합리적인 판단에 따라 '을'의 변제가 어렵다고 판단되는 경우

제5조【기타사항】

1. 원금과 이자의 구분이 불분명한 경우 대여일이 빠른 원금부터 상환한 것으로 본다.

2. '을'이 '갑'에게 지급하는 이자는 27.5%(지방세 포함) 원천징수 후 지급하기로 하며, 원천징수는 '을'의 세무대리인이 대행할 수 있다.

3. '갑'이 언제든지 '을'에게 [별첨1]의 대여금 총액에 해당하는 담보 또는 보증인의 제공을 요구할 수 있고, '을'은 합리적인 이유없이 거부할 수 없다.

4. '갑'은 언제든지 '을'에게 [별첨1]의 대여금 총액에 해당하는 공증, 확인서, 내용증명 등을 요구할 수 있고, '을'은 거부할 수 없다.

제6조【합의관할】

본 계약에 대하여 분쟁이 발생하는 경우 '갑' 주소지의 법원을 관할법원으로 한다.

본 계약의 성립을 증명하기 위하여 계약서 2통을 작성하고 '갑'과 '을', '병'은 서명날인한 후 각 1통씩 보관한다.

20__년 __월 __일

[별첨1] 대여 및 상환 내역

차수	대여(상환)일자	대여금	은행	계좌	비고	날인(갑)	날인(을)
1차							
소계		-					

[별첨2] 차용자 및 보증인의 인감증명서

4. 가족 간 금전소비대차계약의 참조사항

1) 수시로 자금입출금 하는 경우는 한도방식 대여가 적정하다.

2) 차용자의 필요에 의해 자금을 차입하여야 한다. 증여세 이슈를 제거하기 위해서이다.

3) 대여기간이 지나치게 길면 안된다.

4) 원리금변제기록을 남기기 위하여 조기상환의 근거를 마련해

둔다.

5) 세법이 정한 정기예금이자율은 현재 4.6%이다. 민사법정이자율 5%이다.

6) 금전대여의 이익이 1천만 원 이하인 경우 증여세가 과세되지 않는다.

7) 원금을 우선 상환하여야 원천징수시기와 소득세 과세시기를 늦출 수 있다.

8) 원천징수는 대리나 위임이 가능하다.

9) 합리적인 채권자의 권한을 보장하여야 한다.

10) 인감증명서를 첨부하여 계약서의 소급 작성 이슈를 제거한다.

Ⅱ 이자율? 원천징수?

1. 무이자가 좋은지?

빌리는 입장에서 무이자가 좋겠으나 빌려주는 입장도 고려하여야 한다. 따라서 소정의 이자를 약정할 수도 있을 것이다. 그러나 이자소득은 세부담이 큰 소득이고 협력의무도 어렵다.

2. 이자소득의 특징

개인의 이자소득은 최소 25%(지방세 제외)와 종합소득세율을 비교하여 높은 세율로 과세한다. 이자가 있으면 지급하는 개인에게 원천징수 의무도 발생하고 지급명세서 제출 등 협력의무가 생기는 데 사업자가 아닌 개인의 경우 이를 이행하기란 쉽지 않다. 또한 이 자소득은 필요경비가 인정되지 않는 소득으로 마땅히 뺄 비용도 없 고, 뺄 비용이 없는 소득은 부당행위계산부인의 규정도 적용되지 않기 때문에 특수관계자에게 저리로 빌려줘도 빌려주는 자에게는 소득세부담이 발생하지 않는다.

3. 이자비용의 특징

금전을 빌려준 자에게 이자소득이 과세되는 것 별개로 금전 빌린 자에게 비용으로 인정되는 지는 별개의 문제다. 사업자의 이자비용 은 어떤 경우에는 비용으로 인정받지 못한다. 차입한 자금을 사업 에 직접 사용하였다고 입증하여야 이자비용으로 처리할 수 있고, 생활자금 또는 부동산 구입자금 등 사업과 관련 없이 빌린 차입금 의 이자는 필요경비로 인정받을 수 없다. 해당 구분은 애매한 구석 이 많다. 예를 들어 출자금을 마련하기 위해 빌린 대출금에서 발생 한 이자는 경비로 처리할 수 없다. 따라서 이자를 비용으로 입증하 기 위해서는 차입금의 용처를 소명하는 문제가 발생한다. 소명에 따라 필요경비로 인정받지 못하는 상황도 예상해 볼 수 있다.

4. 이자율 결론

따라서 증여세가 과세되지 않는 범위라면 무이자로 금전소비대 차를 진행하는 것이 바람직하다고 여겨진다.

개인과 개인의 이자소득 원천징수

개인 간 금전소비대차계약에서도 이자소득에 대해 원천징수를 해야 한다. 비영업대금의 이익으로 간주되며, 이자 지급 시 27.5%의 원천징수 세율이 적용된다. 이자 지급자는 원천징수한 세액을 다음 달 10일까지 관할 세무서에 신고하고 납부해야 한다. 채권자는 지급받은 이자에 대해 세금 신고를 해야 하며, 이자소득이 연간 2천만 원 이하인 경우 원천징수로 과세가 종결되지만, 2천만 원을 초과하는 경우 종합소득세를 신고하여야 한다.

① 원천징수의무자는 국내에서 거주자나 비거주자, 법인에게 세법에 따른 원천징수 대상 소득 또는 수입금액을 지급하는 개인이나 법인이다.

② 이자·근로·퇴직·기타소득을 지급하는 자가 사업자등록번호 또는 고유번호가 없는 개인인 경우에도 원천징수의무자에 해당되어, 원천징수한 세금을 신고·납부 및 지급명세서 제출의무가 있다.

③ 다만, 사업소득을 지급하는 자가 사업자가 아닌 개인인 경우 원천징수의무는 없다(소득세법 제127조 제2항).

비사업자인 개인이 원천징수하기란 쉽지 않다. 원천징수의무는 대리와 위임이 가능하므로 가급적 세무사에게 위임하여 원천징수 및 협력의무를 이행하는 것이 좋다.

제4절 사업자를 등록하다.

I 이젠 건강보험료 지역가입자?

김자영은 개인사업자가 될 것이다. 더 이상 직장인도 아니고 다른 직장가입자의 피부양자도 아니므로 사업자등록을 하는 순간 지역가입자가 된다. 근로자의 건강보험료는 회사가 절반을 부담해 준다. 근로자의 건강보험료는 급여 등 소득만 기준으로 하므로 저렴하다. 사업자등록을 하면 더 이상 이런 혜택은 없어진다.

1. 직장가입자와 지역가입자

근로자는 건강보험료 직장가입자가 되어 소득에 따라 건강보험료가 부과된다. 근로자의 부양가족은 건강보험료가 부과되지 않는다. 그러나 이외의 자는 지역가입자가 되어 소득·재산·자동차 등을 고려하여 건강보험료가 산정되고 일반적으로 근로자보다 높은 건강보험료를 부담하게 된다.

2. 지역가입자 vs 직장가입자 차이점

구분	직장가입자	지역가입자
가입 대상	회사·법인 근무자	자영업자, 프리랜서, 무직자
보험료 산정 기준	월급(보수) 기준	소득 + 재산 + 자동차 기준
보험료 납부 방식	회사와 본인이 각각 50% 부담	본인이 100% 부담
보험료 부과 기준	보수월액(월급) × 보험료율	소득, 재산, 자동차 등에 따른 점수제

3. 사업자등록과 지역가입자의 관계

사업자 등록하지 않으면 이자·배당·연금·기타소득 등이 3,400만 원 초과하는 경우 지역가입자로 전환된다. 사업자등록을 하지 않는 보험설계사, 프리랜서, 강사 등은 사업소득금액이 500만 원을 초과하면 지역가입자로 전환된다.

그러나 사업자 등록을 하면 사업소득금액이 없어도 보유재산 등에 따른 건강보험료가 부과된다.

소득이 낮거나 재산이 적다면 보험료 부담이 크지 않지만, 재산이 많으면 예상보다 높은 보험료가 나올 수 있으므로 주의해야 한다.

Ⅱ 허가업종, 등록업종

사업을 시작할 때 업종에 따라 허가, 등록, 신고 등의 절차가 추가로 필요할 수 있다.

1. 업종별 허가·등록 필요 여부

업종 유형	예시 업종	특징
허가가 필요한 업종	• 일반음식점·휴게음식점·주점업 → 식품위생법에 따라 보건소 허가 필요 • 약국·의료업 → 보건복지부 및 관련 기관 허가 필요 • 학원 → 교육청 등록 및 시설 요건 충족 필수	공공의 안전, 보건, 환경보호 등의 이유로 심사한다.
등록이 필요한 업종	• 부동산중개업 → 공인중개사 자격증 필요, 국토교통부 등록 • 여행업 → 문화체육관광부 등록 필요 • 건설업 → 건설업 등록 필요 (공사 규모별 자본금 요건 충족) • 통신판매업 (온라인 쇼핑몰 등) → 전자상거래법에 따라 국세청에 신고	관할 기관에 등록 후 사업 운영 가능하다. 일정한 자격, 시설 기준 등을 충족해야 함.
신고가 필요한 업종	• 미용업·세탁업·숙박업 → 위생관리 차원에서 관할 지자체 신고 필요 • 무역업 → 세관에 신고 후 수출입 가능	사업 시작 전에 신고 필수
별도 허가·등록 없이 가능	일반 소매업, 도·소매업, 서비스업, 컨설팅업, 소프트웨어 개발업 등	사업자등록 가능

2. 사업자등록 신청 기한

사업자등록은 사업개시일로부터 20일 이내에 신청하여야 한다. 이때 사업개시일은 첫 매출이 발생한 날을 의미한다. 그러나 사업개시일 전에도 사업자등록을 신청할 수 있다. 사업개시가 확실하다면 매출이 발생하기 전이라도 사업자등록을 하는 것이 유리하다. 특히 초기 비용이 많다면, 사업자등록을 하여야 매입세액을 공제받을 수 있다. 일반적으로 사업을 본격적으로 준비하는 시점, 임대차계약이나 초기 비용 발생 전후에 사업자를 등록하는 것이 바람직하다.

Ⅲ 등록 전 매입세액은?

1. 과세사업자

사업자는 과세사업자와 면세사업자로 나뉜다. 대부분의 사업자는 과세사업자이고 여기서 과세란 부가가치세를 과세하는 사업자라는 뜻이다. 따라서 과세사업자를 부가가치세법상 사업자라고 부르기도 한다. 과세사업자는 매출액의 10%만큼 부가가치세를 납부하고, 매입액의 10%만큼 부가가치세를 환급받는다. 이를 통하여 사업자가 창출한 부가가치(매출가액 - 매입가액)에 대하여 과세하기 때문에 부가가치세라고 한다. 이때 우리나라 부가가치세법은 매출에서 매입을 차감하지 않고, 매출부가가치세를 납부하고, 매입부가가치세를 공제받는다. 이를 "전단계세액공제법"이라고 한다.

2. 등록 전 매입세액

부가가치세법상 원칙적으로 사업자등록을 한 이후의 매입세액만 공제할 수 있다. 그러나 일정한 요건을 충족하면 사업자등록 전 매입세액도 공제가 가능하다.

공급시기가 속하는 과세기간이 끝난 후 20일 이내에 사업자등록을 신청한 경우 등록신청일부터 공급시기가 속하는 과세기간 기산일까지 역산한 기간 이내의 것은 공제 가능하다(집행기준 39-0-1).

예를 들어, 사업자가 7월 20일 이내에 사업자등록 신청을 한 경우 1월 1일 이후 주민등록번호 등으로 수취한 세금계산서 등의 매입세액을 공제받을 수 있다. 부가가치세법 최초의 과세기간은 사업개시일부터 시작하지만, 사업개시일 이전에 사업자등록을 신청한 경우 사업자등록 신청일부터 시작한다(부법 제5조 제2항). 따라서 이때의 과세기간은 7월 20일부터 12월 31일이고 다음 연도 1월 25일 부가가치세를 신고하면서 환급신청하게 되는 경우 2월 첫 주쯤에 환급될 것이다. 만일 6월 30일에 사업자등록 신청하였다면 늦어도 8월 첫 주에는 환급받았을 수 있다. 따라서 사업자등록신청시기에 따라 환급시기가 달라진다.

3. 등록 전 매입세액 주의사항

사업 개시 전에 지출한 비용이라고 해서 모두 공제되는 것은 아니며, 적법한 증빙이 있어야 하고 사업과 직접 관련된 것이어야 한다. 사업자등록을 늦게 하면 등록 전에 지출한 비용에 대한 매입세액 공제를 받지 못할 수도 있으므로 가급적 사업장의 임대차계약 체결 후 사업자등록하는 것이 좋다.

Ⅳ 상호는? 주소는?

1. 법인의 상호제한

법인 상호는 한글을 기본으로 사용하며, 같은 관할 구역 내에서는 동일한 상호를 사용할 수 없다. 따라서 법인 등기 신청 전에 인터넷등기소(iros.go.kr)에서 상호 중복 여부를 확인해야 한다.

2. 개인의 상호사용

비교하여 개인의 상호는 이런 규제가 적다. 누구든지 부정한 목적으로 타인의 영업으로 오인할 수 있는 상호를 사용하지 못한다(상법 제23조). 예를 들어, '국가', '정부', '공공기관'과 같은 단어는 공공기관의 이름을 부정하게 사용할 수 있기 때문에 사용이 제한될 수 있다.

3. 개인의 사업장 주소

법인은 법인등기부상 본점소재지가 기본적인 사업장의 주소지가 된다. 그러나 개인은 주민등록지와 사업장소재지가 구분된다.

부가가치세법상 사업장의 정의는 사업자가 사업을 위하여 거래의 전부 또는 일부를 하는 고정된 장소를 말하며, 고정된 사업장이 없는 경우에는 사업자의 주소 또는 거소를 상업장으로 본다.

따라서 자택에서 사업이 가능한 소프트웨어개발업, 경영컨설팅업, 통번역 등의 업종을 등록할 수 있다. 반면 도·소매, 판매업, 음식점업, 공장업, 제조업, 창고업, 건설업 등은 자택에서 할 수 있는 사업이라고 보기 어렵다.

사업장을 임차하는 경우 임대차계약하는 경우 임대차계약서가 필요하고, 무상사용하는 경우 소유자의 동의서 등이 필요하다. 스타트업이 공유오피스에서 창업하는 경우 다소 혼선이 있었으나 2019년부터는 공유오피스에서 사업자등록할 수 있다.

> **tip**
>
> **부동산임대업은 신규사업자 등록 중요**
>
> 사업자등록증상 주소지는 대부분 관리하는 장소이다. 그러나 부동산임대업의 경우 임대물건의 소재지가 사업자등록장소가 된다. 따라서 기존 사업장 또는 다른 주소지 사업자등록증으로 매입세금계산서를 받으면 임대사업장은 미등록사업장에 해당하므로 환급받을 수 없다. 금액이 소소한 경우 별문제가 되지 않지만, 상가분양에 대한 세금계산서 등 금액

이 큰 매입세금계산서가 있는 경우 문제가 심각해진다. 예를 들어 식당이 전국에 100개 있다면 사업자등록을 100개 해야 한다. 임대업도 마찬가지다. 본점에 음식점업 추가했다고 해결되지 않는다. 업종추가가 중요한 것이 아니고, 사업자등록 주소지가 중요하다고 하겠다.

사업준비를 하다.

I 사업용계좌란?

사업용계좌 제도는 복식부기의무자의 사업과 관련된 금융거래는 "사업용계좌"로 신고하여 사용하도록 하는 제도이다. 거래의 대금을 금융기관을 통해 결제하거나 결제받을 때 및 인건비 및 임차료를 지급하거나 지급받는 때는 사업용계좌를 사용하여야 한다.

① 복식부기의무자가 아니라 하더라도 사업용계좌를 등록하는 것이 좋다. 언제 복식부기의무자가 될지 알 수 없고, 사업용계좌 미등록에 대한 불이익이 크기 때문이다.

② 사업자등록번호가 없는 인적용역사업자(보험모집인, 외판인, 강사 등)도 수입금액이 기준금액 이상이면 복식부기의무자에 해당된다. 따라서 사업자번호가 없는 인적용역자도 주민등록번호로 사업용계좌를 신고하여야 한다.

1. 사업용계좌 등록 방법

사업자는 세무서에 사업자등록을 한 후, 사업용계좌 정보를 홈택스에 입력하거나 신청서를 통해 등록할 수 있다. 원칙은 직전년도 수입금액이 7천500만 원 등을 초과한 경우 6개월 내까지 등록하면 되지만, 굳이 시간을 기다려 진행할 것은 아니라고 여겨진다.

① 사업자의 필요에 따라 하나의 사업장에 복수의 계좌를 신고하여 사용이 가능하고 또한 한개의 계좌를 여러 사업장에서 신고·사용하는 것도 가능하다. 그러나 가급적 하나의 사업장에 하나의 사업용계좌가 있는 것이 바람직할 것이다.

② 사업용계좌는 대표자 개인명의의 계좌, 사업자명의의 계좌 모두 가능하다. 공동사업자의 사업용계좌는 사업장별로 복수의 계좌를 허용하고 있으므로 사업자의 필요에 따라 사업자등록번호 명의의 계좌, 공동사업자 1인 또는 각각의 명의의 계좌를 신고할 수 있다.

2. 사업용계좌 미등록 시 불이익

1) 조세특례제한법상 감면규정이 배제된다(조특법 제128조 제4항 제1호). 감면배제는 미신고기간을 안분하지 않고 전체 감면을 배제한다. 사업용계좌를 신고하지 아니한 사업장에 대해서만 감면을 배제하는 것이 합리적이며 다른 사업장까지 세액감면을 배제한 것은 부당하다는 해석이 최근 판례이다(조심 2012서4458, 2012.12.26., 조심 2010중3168, 2010.12.30., 조심 2012서1890, 2012.7.2.).

2) 미사용금액의 0.2%만큼 미사용가산세와 수입금액의 0.2%의 미신고가산세가 발생한다.

사업용카드란?

개인이 사업용카드를 국세청에 등록할 의무는 없다. 그러나 사업용카드를 등록하면 세무 관리 측면에서 장점이 있다.

1) 사업용카드 등록 의무는 아님

사업용카드 등록은 선택사항이다. 법적으로 사업용카드를 국세청에 등록할 의무는 없으며, 개인사업자는 사업을 운영하면서 카드 사용에 대한 관리 책임을 지고 있다.

2) 세액 공제 편리

사업용카드를 국세청에 등록하면, 카드 사용 내역을 부가가치세 신고에 포함시킬 수 있다. 이를 통해 부가가치세 공제를 받을 수 있어, 사업 관련 경비를 세액 공제받는 데 유리하다.

3) 세금 관리 투명성 증가

사업용카드를 등록하고 사용하면 사업과 관련된 지출을 별도로 관리할 수 있다. 이를 통해 개인 지출과 사업 지출을 명확히 구분할 수 있어, 세무 조사를 받거나 세금 신고 시에 보다 투명한 관리가 가능하다.

4) 국세청 시스템과의 연계

사업용카드 등록 시 국세청의 홈택스 시스템과 연계되어, 카드 사용 내역을 자동으로 반영하는 등의 장점이 있다.

현금영수증 발행업종 등록

변호사, 병원, 숙박음식, 교육, 미용, 소매업 등 최종소비자를 대상으로 하는 업종은 현금영수증가맹점으로 가입하고, 현금영수증을 발행하여야 한다. 소비자가 현금영수증 발급을 원하지 않거나 소비자의 인적사항을 모르는 경우에도 현금을 받은 날부터 5일 이내 국세청 지정 코드(010-000-1234)로 자진발급해야 한다.

1) 미등록시 불이익

조세특례제한법상 감면 적용이 배제된다.

미가맹 가산세가 발생하고 허위기재금액의 과태료가 추가로 부과된다.

추계신고 시 단순경비율 적용대상에서 배제된다.

2) 현금영수증 등록 방법

현금영수증 가맹점으로 등록신청 하여야 한다. 홈택스에서 사업자번호로 현금영수증 가맹점 등록을 신청하고, 발행할 계좌를 설정한다.

현금영수증 발행은 홈택스를 통해 등록 및 관리할 수 있다.

사업자가 POS 시스템(판매시스템)을 사용하는 경우, POS 시스템과 현금영수증 시스템을 연동하여 실시간으로 현금영수증을 발행할 수 있다.

⬛Ⅱ 장부관리? 상업부기? 회계원리?

장부는 가족에게도 보여주지 않는 것이다. 장부에는 거래처와 규모가 나온다. 업무의 순서와 수익의 배분이 나온다. 생각 외로 많은 정보가 있고, 리스크도 등장한다. 따라서 장부관리는 신중히 하여야 한다.

1. 사업자의 장부관리 의무

1) 개인사업자

간편장부 또는 복식부기로 장부를 관리해야 한다. 세금 신고를 위해서는 적어도 간편장부를 관리하는 것이 필수적이다. 다만, 매출액이 일정 기준을 초과하는 경우 복식부기로 관리하여야 한다.

2) 법인사업자

법인은 반드시 복식부기를 해야 하며, 이는 상법과 세법에 명시된 의무이다. 법인은 사업 활동을 투명하게 기록하고 재무제표를 작성해야 한다.

2. 부기와 회계

부기란 회계장부를 작성하는 방법이다. 원래 장부기록(帳簿記錄)

이라는 말의 약어로 북키핑(book-keeping)이라는 영어의 발음과 의미를 연결시켜 만든 말이다. 즉, 거래사실을 일정한 기준에 따라 요약·정리하는 단순한 기술을 말한다. 비교하여 회계란 부기의 차원을 넘어 유용한 회계정보를 산출하여 이해관계자에게 제공함으로써 합리적인 의사결정에 도움을 주는 것을 말한다.

옛날에는 고등학교에서는 상업부기를 배우고, 대학교에서는 회계학을 배우던 시절이 있었다. 고등학교 교과과정의 변천(7차교육과정, 1997년 12월 30일, 교육부 고시 제1997-15호)으로 지금은 고등학교에서도 회계원리를 배우고 상업부기는 교과과정에서 사라졌다.

① 회계와 부기는 이해관계자가 적은 중소기업은 동일한 것으로 보아도 된다.
② 회계는 부기를 기본으로 전문가의 책임있는 의견을 반영하는 과정이다.

3. 장부를 볼 줄 알아야 한다.

1) 계정과목

구분	세부 항목	의미	예시
자산	재고자산	판매를 위해 보유한 자산	상품, 원자재, 반제품
	유형자산	실물로 존재하는 자산	건물, 기계, 차량, 설비
	투자자산	투자 목적으로 보유한 자산	주식, 채권, 부동산 투자

구분	세부 항목	의미	예시
부채	미지급금	아직 지급하지 않은 금액	상품 외상대금, 공과금 미납
	금융부채	금융기관에서 빌린 돈	은행 대출, 회사채
	충당부채	미래에 발생할 가능성이 있는 부채	소송 배상금, 퇴직금산정액
자본	자본금	회사 설립 시 투자된 기본 자금	창업 투자금, 주식 발행금
	이익잉여금	사업에서 벌어들여 쌓아둔 이익	누적 순이익, 배당하지 않은 이익
수익	매출수익	제품·서비스 판매로 얻은 수익	상품 판매 수입, 용역 수입
	임대수익	부동산·설비 등을 빌려주고 얻은 수익	건물 임대료, 장비 대여료
비용	매출원가	제품·서비스를 생산하는 데 든 비용	원자재비, 제조비용
	판관비	운영·관리 비용	급여, 광고비, 임대료
	잡손실	예상치 못한 손실	재고손실, 환율변동 손실

2) 차변과 대변

차변	대변
자산	부채
	자본 = ① 자본금 + ② 잉여금 ① 자본금 = 출자금 ② 이익잉여금 = Σ (이익 – 배당금)
이익	수익
비용	

① 차변에는 자산과 비용이 온다. 돈 주고 받은 것은 자산 아니면 비용 둘 중 하나이다.

② 세무는 자산을 미래의 비용이라고 정의한다. 즉 처분하면 비용(원가)이 발생한다는 의미이다. 처분해야 비용이므로 미래비용은 당기 비용이 아니고, 당기 소득을 줄이지 못한다.

③ 회계는 자산을 미래의 경제적 효익이라고 정의한다. 즉, 처분하면 돈(수익)이 들어온다는 의미이다. 만일 처분해도 돈이 들어오지 않을 것 같으면 자산성이 없는 것이고 비용이 된다.

④ 대변에는 부채와 수익이 온다. 즉 남의 것을 (임시로) 가지고 있는 것과 내 것을 번 것 둘 중 하나이다.

⑤ 미리 받은 돈은 내 것으로 확정되기 전까지 소득이 아니라 부채이다.

⑥ 회계상 근로자가 퇴직하면 지급해야 하는 퇴직금, 소송에서 지면 줘야 할 배상금도 (충당)부채가 된다.

제6절

공급계약서를 작성하다.

I 계약서의 "갑"과 "을"이란?

계약서에서 "갑"과 "을"은 계약 당사자를 구분하는 전통적인 표현이다.

"갑"은 돈을 주는 사람, 즉 계약에서 대금을 지불하는 사람이다.

"을"은 돈을 받는 사람, 즉 상품이나 서비스를 제공하는 사람이다.

흔히 주변에서 "갑질하다"라고 하면 "갑"의 위치에 있는 사람이 자신의 권한이나 위치를 남용하여 다른 사람에게 부당하게 대우하거나 압박을 가하는 행동을 의미한다.

1. 계약은 "갑"과 "을"의 권리의무관계를 규율한다.

민법에서 규정하는 전형계약(법에서 정형화된 계약의 유형)은 다음과 같다.

계약 유형	조문(민법)	내 용
증여	제554조~	무상으로 재산을 주겠다는 계약
매매	제563조~	돈을 받고 물건을 넘기는 계약

계약 유형	조문(민법)	내 용
교환	제568조~	서로 다른 재산을 맞바꾸는 계약
소비대차	제598조~	돈이나 물건을 빌려주고 동일한 종류로 갚는 계약
사용대차	제609조~	물건을 무상으로 빌려주고 반환받는 계약
임대차	제618조~	일정한 돈을 받고 물건을 사용하게 하는 계약
고용	제655조~	일하는 사람에게 보수를 지급하는 계약
도급	제664조~	특정한 일을 완성하고 보수를 받는 계약
여행계약	제674조~	여행사를 통해 여행을 제공받는 계약
운송계약	제678조~	물건이나 사람을 운송하는 계약
위임	제680조~	어떤 일을 맡기고 수행하게 하는 계약
임치	제693조~	물건을 보관해 달라고 맡기는 계약
조합	제703조~	공동으로 사업을 하기로 한 계약
종신연금	제723조~	일정한 돈을 지급받을 권리를 계약하는 것
화해	제731조~	분쟁을 해결하기 위해 상호 양보하는 계약

2. 계약서의 역할

① 계약서는 당사자 간의 권리와 의무를 문서로 명확히 기록하는 역할을 한다.

② 합의 내용의 증거 : 구두 계약은 증명하기 어려우므로 서면 계약이 필수적이다.

③ 분쟁 예방 : 계약 내용이 명확하면 오해나 다툼을 방지할 수 있다.

④ 법적 보호 : 법원에서 계약서를 증거로 인정하여 권리를 보호받을 수 있다.

⑤ 책임 소재 확인 : 의무 불이행 시 책임을 명확히 하기 위해 필요하다.

3. 계약서의 중요성

① 법적 효력 : 법률상 유효한 계약서는 강력한 증거가 된다.

② 리스크 관리 : 예상치 못한 상황(불이행, 손해 발생 등)에 대한 대응 근거가 된다.

③ 계약 조건 보장 : 계약 상대방이 일방적으로 불리한 조건을 강요하는 것을 방지한다.

결론적으로, 계약서는 단순한 문서가 아니라 법적 보호 수단이며 분쟁 예방 장치이므로, 반드시 체결하고 내용을 확인해야 한다.

Ⅱ 업무범위, 대가지급

계약서에서 업무범위와 대가지급은 계약의 중요한 요소로, 계약 당사자 간의 역할과 의무를 명확히 하기 위해 기재된다.

1. 업무범위

업무범위는 계약 당사자가 수행해야 할 구체적인 업무나 작업의 내용을 설명하는 부분이다. 이 부분은 계약의 핵심으로, 각 당사자가 무엇을 해야 하는지, 어떤 책임을 지는지 규정한다. 업무범위에는 다음과 같은 내용이 포함될 수 있다.

① 구체적인 작업 내용 : 계약에서 맡을 업무의 세부 항목

② 업무의 결과물 : 업무가 완료되었을 때 어떤 결과물이 나와야
하는지 (예 : 보고서, 제품 등)

③ 업무 수행 방법 : 특정 방식이나 절차가 요구될 수 있다.

④ 일정과 마감일 : 업무를 완료해야 하는 시점이나 기간

⑤ 기타 조건 : 업무 수행에 필요한 자원이나 기술, 지원 등의 조건

2. 대가지급

대가지급은 계약에서 대금을 지급하는 방식과 시기를 규정하는
부분이다. 이 내용은 계약 이행에 대한 보상을 명확하게 정의하며,
분쟁을 방지하고 양 당사자가 계약을 준수할 수 있게 한다. 대가지
급 항목에는 다음이 포함된다.

① 지급 금액 : 계약에서 정한 금액 또는 가격

② 지급 시기 : 대금을 지급하는 날짜나 기간. 예를 들어, 계약 체
결 후 일정 기간 내, 업무 완료 후, 중간 지급 등으로 나뉠 수
있다.

③ 지급 조건 : 지급이 이루어지는 조건, 예를 들어 업무 완료 후
지급, 일정에 따른 분할 지급 등이 있다.

계약서에서 이 두 항목은 양 당사자 간의 명확한 이해와 동의가
필요한 중요한 부분이다. 이를 통해 각자의 권리와 의무를 명확히
하여 계약 이행 과정에서 발생할 수 있는 분쟁을 예방할 수 있다.

도급과 사급

도급과 사급은 계약의 종류에 따라 업무범위와 책임의 분배에서 차이가 있다. 두 가지 계약의 차이점은 업무를 수행하는 방식과 책임의 귀속에 따른 구분으로 설명할 수 있다.

항목	도급	사급
목표	결과물 제공	작업의 수행
업무범위	결과물을 제공하는 범위	업무 수행의 범위
책임의 귀속	결과물에 대한 책임 (도급자 책임)	수행 과정에 대한 책임 (사급자 책임)
대금 지급 기준	결과물에 대한 대가 지급	시간, 작업의 내용에 따라 대가 지급
예시	건설, 웹사이트 개발, 제조업 등의 프로젝트	일용직, 청소 용역, 기술 노동 등의 서비스

도급 계약은 결과물을 제공하는 것에 중점을 두고, 결과물이 완성된 후 대금을 지급하는 형태이다.
사급 계약은 작업 자체에 초점을 맞추며, 주로 노동력이나 작업 시간에 대해 대금을 지급하는 형태이다.

Ⅲ 책임의 한도, 면책

계약서에서 책임의 한도와 면책규정은 계약 당사자가 책임을 질 범위와 책임을 면할 수 있는 상황을 규정하는 부분이다. 이 두 가지 규정은 분쟁을 예방하고, 책임을 명확히 하며, 불필요한 위험을 최소화하는 데 중요한 역할을 한다.

1. 책임의 한도 (Limitation of Liability)

책임의 한도는 계약 당사자가 지게 되는 책임의 범위나 최대 금액을 제한하는 규정이다. 이는 예상치 못한 손해나 과도한 보상을 피하기 위해 설정된다. 책임의 한도를 설정함으로써, 당사자는 예상되는 책임의 범위를 명확히 하여 불필요한 재정적 부담을 방지할 수 있다.

1) 금액 제한 : 계약에 의한 손해가 발생했을 때, 최대 지급 금액을 정한다.
2) 책임 발생 조건 : 책임이 발생할 수 있는 조건을 명시하여, 특정 조건 하에서만 책임을 지게 하거나 책임의 범위를 제한할 수 있다.
3) 손해의 종류 : 직접적인 손해에 대해서만 책임을 지고, 간접적이거나 결과적인 손해에 대해서는 면책할 수 있다.
4) 계약서에서 책임의 한도를 명시하는 예시는 "본 계약에 의한 손해배상액은 계약 금액을 초과하지 않는다"라고 할 수 있다.

2. 면책규정 (Indemnity Clause)

면책규정은 계약 당사자가 특정 상황에서 책임을 면하게 되는 조건을 규정하는 항목이다. 면책규정은 책임을 지지 않거나, 책임을 떠넘길 수 있는 조건을 명시한다. 보통 면책규정은 당사자의 과실이 없을 때나 예기치 않은 외부 요인으로 인해 발생한 손해에 대해서 적용된다.

1) 당사자의 과실을 제외한 책임 : 상대방의 과실이나 불법행위로 인해 발생한 손해에 대해 면책이 될 수 있다. 예를 들어, "자연재해로 인한 손해는 면책된다."라고 정할 수 있다.

2) 제3자의 책임 : 제3자의 과실이나 책임으로 발생한 손해에 대해서는 당사자가 책임을 지지 않는다고 명시할 수 있다.

3) 특정 상황에 대한 면책 : 예를 들어, 전쟁, 자연재해, 정부의 법적 규제 등 예기치 못한 상황에 대해 면책규정을 둘 수 있다.

4) 면책규정의 예시로는 "갑은 을의 고의 또는 중대한 과실이 없는 경우에 발생한 손해에 대해 책임을 지지 않는다"와 같은 문구가 있다.

3. 책임의 한도와 면책규정의 차이점

항목	책임의 한도	면책규정
목적	책임을 제한하여 부담을 경감하는 것	특정 상황에서 책임을 면제하는 것
적용 범위	손해배상의 금액 또는 범위를 제한	특정 상황에서 책임을 지지 않음
적용 예시	계약금액의 일정 비율까지만 책임, 간접손해 면책	자연재해로 인한 손해 면책, 제3자의 책임 면책
상대방 책임	계약 당사자가 최대 책임액을 제한	계약 당사자가 특정 상황에서 책임을 지지 않음

제7절
직원채용을 준비하다.

I 일용직? 계약직? 정직?

1. 고용계약의 개념

고용계약은 근로자가 사용자(고용주)에게 종속적인 지위에서 노무를 제공하고, 이에 대한 대가로 사용자가 보수를 지급하는 계약이다(민법 제655조).

1) 근로자(피고용인) : 노동을 제공하는 사람
2) 사용자(고용주) : 노동을 제공받고 임금을 지급하는 사람

> 민법 제655조【고용계약의 의의】고용은 당사자 일방이 상대방에게 노무를 제공할 것을 약정하고 상대방이 이에 대하여 보수를 지급할 것을 약정함으로써 그 효력이 생긴다.

2. 사용자의 주요 책임

1) 임금 지급의무 (근로기준법 제43조)

- 정해진 임금 지급 : 근로자의 노동에 대한 대가를 정해진 시기에 지급해야 한다.

- 임금의 전액 지급 : 임금을 일부만 지급하거나, 부당하게 공제해서는 안 된다.
- 퇴직금 지급 : 일정 기간 이상 근무한 근로자에게 퇴직금을 지급해야 한다.

2) 근로환경 보호 의무 (근로기준법 제5장)

- 안전 및 보건 조치 : 산업안전보건법에 따라 근로자의 안전을 보호할 조치를 해야 한다.
- 근로시간 준수 : 1일 8시간, 1주 40시간을 초과하는 근무 시 연장근로수당 지급한다.
- 휴게시간 보장 : 일정 근로시간마다 휴게시간을 제공해야 한다.

3) 해고 제한 및 절차 준수 (근로기준법 제23조)

- 근로자를 정당한 이유 없이 해고할 수 없다.
- 해고 시 30일 전에 예고하거나 해고수당 지급해야 한다.
- 부당해고 시 법적 분쟁이 발생할 수 있다.

4) 4대 보험 가입 의무 (국민연금법, 건강보험법 등)

- 국민연금, 건강보험, 고용보험, 산재보험 가입 및 보험료 부담한다.
- 근로자가 가입을 원하지 않더라도 법적으로 가입해야 한다.

Ⅱ 새일여성인턴?

  새일여성인턴 제도는 경력 단절 여성의 취업을 지원하기 위해 여성가족부와 전국 여성새로일하기센터(새일센터)가 운영하는 인턴십 지원 프로그램이다.

1. 개요

  인턴기간 기업에 인턴채용지원금(월 80만 원, 3개월)을 지원하고, 인턴 종료 후 정규직으로 채용하여 6개월 이상 고용을 유지하면 기업과 근로자에게 각각 장려금(기업 80만 원, 근로자 60만 원)을 지급한다.

2. 지원 대상

- 취업을 희망하는 미취업 여성
- 경력 단절 여성(출산·육아 등으로 경제활동을 중단한 여성)
- 여성새로일하기센터(새일센터)를 통해 구직 등록한 여성

3. 지원 내용

1) 인턴 기간 지원금

- 기업이 새일여성인턴을 채용하면 3개월간 매월 80만 원을 지원한다.
- 인턴 기간 동안 최저임금 이상 지급해야 하며, 4대 보험 가입하여야 한다.

2) 정규직 전환 지원금

인턴 종료 후 6개월 이상 고용 유지 시 기업에 80만 원을 추가 지원한다.

3) 근속 장려금

인턴이 정규직 전환 후 6개월 이상 근속하면 근로자에게 60만 원을 지급한다.

4. 신청 방법

1) 희망 근로자는 여성새로일하기센터 방문하여 구직 등록 및 인턴 신청
2) 새일센터에서 인턴 지원자와 기업 연결한다.
3) 기업이 인턴 지원자를 채용하고 인턴 근무 시작한다.
4) 새일센터는 지원금을 지급하고 및 정규직 전환 여부 확인할 수 있다.

Ⅲ 일자리장려금, 두루누리 등

1. 청년일자리도약장려금

1) 청년들의 취업 기회 확대와 기업 인력난 해소를 위해 청년을 채용한 중소기업에 장려금을 지급한다.

2) 지원 대상 : 4개월 이상 실업, 고졸 이하 청년, 최종학교 졸업 후 고용보험 가입 기간이 1년 미만인 청년, 국민취업지원제도·청년일경험지원사업 참여자, 자립지원필요 청년 등 '취업애로청년'을 채용한 5인 이상 우선지원대상기업

3) 지원 내용 : 기업이 6개월 이상 고용을 유지하면 신규채용 청년 1인당 월 최대 60만 원씩, 1년간 최대 720만 원을 지원한다. 청년은 18개월·24개월 근속 시 각각 240만 원씩 최대 480만 원을 지급받는다.

2. 두루누리사업

1) 소규모 사업장의 근로자와 사용자의 사회보험 가입 부담을 줄이기 위해 보험료의 일부를 지원한다.

2) 지원 대상 : 근로자 수가 10인 미만인 사업장에 월 평균 270만 원 미만 신규가입 근로자

3) 지원 내용 : 국민연금 및 고용보험료의 80%를 최대 36개월 동안 지원한다.

3. 일자리 안정자금

1) 최저임금 인상에 따른 소상공인과 영세 중소기업의 인건비 부담을 완화하고, 저임금 근로자의 고용 안정을 도모한다.

2) 지원 대상 : 일정 요건을 충족하는 중소기업 및 소상공인

3) 지원 내용 : 근로자 1인당 월 최대 15만 원을 지원한다.

프로그램	목적	지원 대상	지원 내용
청년일자리 도약장려금	청년 취업 기회 확대와 기업 인력난 해소	취업애로청년을 채용한 5인 이상 우선지원대상기업	신규채용 청년 1인당 월 최대 60만 원, 1년간 최대 720만 원 지원
두루누리 사업	소규모 사업장의 근로자와 사용자의 사회보험 가입 부담 완화	근로자 수가 10인 미만인 사업장에 월 평균 270만 원 미만 신규가입 근로자	국민연금 및 고용보험료의 80% 최대 36개월 지원
일자리 안정자금	최저임금 인상에 따른 소상공인과 영세 중소기업의 인건비 부담 완화 및 저임금 근로자의 고용 안정	일정 요건을 충족하는 중소기업 및 소상공인	근로자 1인당 월 최대 15만 원 지원
노란우산 공제	자영업자와 소상공인의 생활 안정 및 퇴직금마련	소기업, 소상공인, 자영업자, 프리랜서	연간 최대 500만 원 소득공제하고, 폐업시 퇴직금처럼 일시금으로 수령한다.

Ⅳ 내일채움공제

내일채움공제는 청년·중소기업 재직자가 장기 근속할 수 있도록 정부가 지원하는 목돈 마련 및 장기근속 유도 제도이다. 근로자와 기업이 일정 금액을 공동으로 적립하고, 만기 시 근로자가 성과보상금을 받을 수 있다.

1. 종류 및 주요 내용

구분	대상	적립 기간	적립 방식	만기 시 수령액
청년내일채움공제	만 15~34세 청년	2년 또는 3년	정부 + 기업 + 청년 적립	최대 1,600만 원
일반 내일채움공제	중소기업 재직자	5년	기업 + 근로자 적립	최대 3,000만 원 + α

2. 세부 내용

1) 청년내일채움공제 (2년형/3년형)

- 대상 : 중소·중견기업에 정규직으로 취업한 만 15~34세 청년
- 정부 지원 : 정부가 지원금을 일부 부담
- 청년 적립금 : 본인 부담 적립금 최소화 (2년형 : 300만 원, 3년형 : 600만 원)
- 만기 수령액
  - 2년형 : 1,200만 원(본인 300만 원 + 기업 400만 원 + 정부 500만 원)
  - 3년형 : 1,600만 원(본인 600만 원 + 기업 600만 원 + 정부 400만 원)

2) 일반 내일채움공제 (5년형)

- 대상 : 중소기업에 재직하는 내국인 근로자
- 적립 방식 : 근로자와 기업이 일정 금액을 공동 적립
- 만기 수령액 : 최대 3,000만 원+이자 (5년간 적립 후 근로자가 수령)
- 기업 세제 혜택 : 기업이 부담한 적립금은 손비 처리 가능

3. 연구인력개발비 세액공제

일반 내일채움공제(5년형) : 기업이 부담한 금액이 연구인력개발비 세액공제 대상으로 인정된다. 중소기업이 내일채움공제(5년형) 기업 부담금을 납부하면 25%까지 세액공제 가능하다.

예를 들어, 중소기업이 연구개발 인력 1명에 대해 내일채움공제(5년형)로 연 600만 원을 납부했다면, 법인세 또는 소득세에서 150만 원 감면 혜택을 받을 수 있다.

연구인력개발비 세액공제란?
기업이 연구 및 인력개발에 투자한 비용을 법인세 또는 소득세에서 공제해 주는 제도이다. 연구개발(R&D)금액의 일정 비율을 산출세액에서 공제한다. 이때 내일공제 기업부담금이 중소기업 핵심인력 성과보상기금에 납입하는 비용에 해당하여 연구 및 인력개발비 세액공제대상이 된다(조특칙 제7조 제10항 제4호). 이때 중소기업 핵심인력 성과보상기금에 가입한 이후 3년(2025년 개정 전 5년) 이내에 중도해지를 이유로 중소기업이 환급받은 금액은 납입비용에서 차감하므로 납입기간 5년 이상이어야 한다.

제8절 직원을 고용하다.

Ⅰ 통상임금? 퇴직금?

1. 통상임금이란?

통상임금은 근로자가 정상적으로 일했을 때 받는 기본적인 임금으로, 근로기준법에서 정의된 개념이다. 통상임금은 주로 근로계약서에 명시된 급여와 직무에 따라 지급되는 기본급, 수당, 상여금 등을 포함한다. 통상임금에 포함되는 항목은 일반적으로 다음과 같다.

1) 기본급 : 근로자의 기본적인 노동에 대한 대가

정기적이고 일률적인 수당 : 근로자에게 정해진 조건에 따라 정기적으로 지급되는 수당(예 : 직책수당, 근속수당 등)

2) 상여금 : 근로계약에 따라 정해진 상여금

통상임금에는 시간외 근무수당이나 식비 등과 같은 비정기적이고 근로자가 선택적으로 받을 수 있는 항목은 포함되지 않는다.

2. 퇴직금은 평균임금으로 산정한다.

퇴직금의 목적은 근로자가 퇴직 후 일정 기간 생활에 도움이 되도록 하는 데 있으며, 이를 통해 근로자의 생활 보장과 사회적 안전망 역할을 한다. 또한, 퇴직금은 사업자가 근로자를 해고하거나 퇴직 시에 지급해야 하는 의무가 있다.

퇴직금은 근로자가 퇴직할 때 지급받는 금액으로, 근로기준법 제34조에 규정되어 있다. 퇴직금은 퇴직 시점에 근로자가 최종적으로 받은 통상임금의 일정 비율에 따라 계산된다. 근로자가 퇴직 후 받을 퇴직금의 금액은 보통 '1년 이상 근속한 경우'에 해당하며, 퇴직금은 근속 연수에 비례하여 지급된다.

퇴직금은 평균임금을 기준으로 산정되기 때문에, 평균임금이 통상임금보다 높으면 퇴직금도 그만큼 증가하게 된다. 예를 들어, 최근 3개월 동안 상여금이나 초과근로수당이 많이 지급된 경우 평균임금이 상승하게 되고, 이에 따라 퇴직금도 늘어난다.

3. 통상임금으로 초과근무수당, 연차휴가수당을 산정한다.

대법원은 과거 수십년 간 통상임금의 개념을 '정기적·일률적·고정적으로 소정근로의 대가로 지급되는 임금'이라고 정의하고, 통상임금의 요건 중 하나로 고정성을 제시하였다. 그러나 최근 판결(대법원 2024.12.19. 선고 2020다247190 전원합의체 판결)은 통상임금의 정의를 "소정근로의 대가로서 정기적, 일률적으로 지급하기로 정한 임금"이라고 정리하면서, 통상임금의 '고정성' 요건을 폐기했다. 즉, 앞으로는 소정근로의 대가성, 정기성, 일률성만 갖추면 통상임금으로 인정되는 것이다.

Ⅱ 5인 미만 사업장

1. 5인 미만 사업장의 근로기준법 적용 특성

5인 미만 사업장(상시근로자 수 기준)은 근로기준법의 일부 조항이 적용되지 않거나 완화된 기준이 적용된다. 따라서 일반 사업장(5인 이상)에 비해 사용자에게 유리하다.

2. 근로기준법 적용 여부 비교

구분	5인 이상 사업장	5인 미만 사업장
근로기준법 전면 적용 여부	전면 적용	일부 조항 적용 제외
연장·야간·휴일근로 가산수당(제56조)	지급의무 있음	지급의무 없음
해고 제한(제23조, 제24조)	정당한 이유 필요 & 해고 예고	제한 없음 (해고 예고는 적용)
퇴직금 지급 (근로자퇴직급여보장법 제4조)	1년 이상 근속 시 지급	적용 제외
연차유급휴가(제60조)	발생 및 보상 의무 있음	적용 제외
휴업수당(제46조)	지급의무 있음	지급의무 없음
직장 내 괴롭힘 금지 (제76조의2~4)	적용됨	적용 제외

3. 주요 적용 제외 조항 및 영향

1) 연장·야간·휴일근로 가산수당 면제 (근로기준법 제56조 적용 제외)

연장·야간·휴일근로 시 통상임금의 50% 이상 가산수당 지급의무가 있으나, 5인 미만 사업장은 가산수당 지급의무가 없다. 즉, 연장근로, 야간근로, 휴일근로를 해도 추가 수당 지급이 강제되지 않는다.

2) 해고 제한 규정 적용 제외 (근로기준법 제23조, 제24조 적용 제외)

근로자를 해고하려면 정당한 이유가 필요하며, 경영상 이유로 해고(정리해고) 시 요건을 충족해야 한다. 5인 미만 사업장은 정당한 이유 없이도 해고 가능하다. 다만, 해고예고(제26조) 조항은 적용된다. 따라서 근로자를 해고하려면 30일 전 예고하거나 30일분의 통상임금을 지급해야 한다.

3) 퇴직금 지급 제외 (근로자퇴직급여보장법 제4조 적용 제외)

1년 이상 근속 & 주 15시간 이상 근무 시 퇴직금하여야 한다. 5인 미만 사업장은 퇴직금 지급의무 없다. 즉, 장기 근속해도 퇴직금 없을 수 있다.

4) 연차유급휴가 적용 제외 (근로기준법 제60조 적용 제외)

1년간 80% 이상 출근하면 15일 연차휴가 발생하고, 사용하지 않으면 연차수당 지급하여야 한다. 그러나 5인 미만 사업장은 연차휴가 규정 자체가 적용되지 않는다. 연차휴가 및 미사용 연차수당이 없다.

Ⅲ 최저임금은?

1. 최저임금의 의미

최저임금이란 국가가 정한 임금의 최저 기준으로, 사용자가 근로자에게 지급해야 하는 최소한의 임금 수준을 의미한다. 최저임금은 모든 사업장에 적용되며, 이를 지급하지 않으면 3년 이하 징역 또는 2천만 원 이하 벌금(최저임금법 제28조)에 처해질 수 있다.

> 근로기준법 제6장【최저임금법】제1조 : 최저임금은 근로자의 생활안정과 노동력의 질적 향상을 도모하고, 국민경제의 건전한 발전에 이바지함을 목적으로 한다.

2. 최저임금 산정방법

최저임금은 시간급(시급)으로 결정되며, 월급제 근로자의 경우 이를 월 환산액으로 적용한다.

1) 2025년 최저임금(예시)

① 시급 기준 : 10,030원

② 월급 환산 (209시간 기준)10,000원×209시간=2,096,270원

③ 209시간 = 1주 40시간 근무 + 주휴 8시간 × 4.34주

2) 최저임금에 포함되는 임금 요소

최저임금에는 기본급, 직무수당, 직책수당, 근속수당 등이 포함되고, 연장·야간·휴일근로수당, 상여금, 복리후생적 금품, 4대 보험 사용자 부담분, 퇴직금이 포함되지 않는다.

3. 실질적인 최저임금 계산

1) 근로자 실수령액(세금 공제 후) : 최저임금 기준 월급(209만 원)에서 4대 보험(근로자 부담분) 약 9% 및 소득세·지방세를 공제(4대 보험 약 188,100원 + 소득세·지방세 약 10,000원)하면 최저임금 근로자의 실수령액은 약 189만 원 수준이다.

2) 기업 실질 부담액 (4대 보험 + 퇴직금 포함) : 기업은 4대 보험 사용자 부담분 약 188,100원(약 9%)과 퇴직금 174,167원(월급의 1/12)을 추가로 부담해야 한다. 기업이 실제로 부담하는 최저임금 근로자의 비용은 약 245만 원이다.

따라서, 표면적인 최저임금(209만 원)보다 근로자는 적게 받고(189만 원), 기업은 더 많은 비용을 부담(245만 원)한다.

4. 연장근무를 고려한 최저임금

최저임금은 모든 사업장에 적용하며, 처벌이 강력한 규정이다. 연장근무가 예정된 경우 해당 수당도 근로계약서에 반영하여 최저임금 이상으로 계약하는 것이 좋다.

① 1주 최대 연장근무시간은 12시간이고, 월 52시간(12시간 × 4.345주)이다.

② 5인 이상 사업장의 경우 연장근무수당은 최저임금의 1.5배이다.

③ 연장근무가 예정된 경우 월 최저임금에 782,340원을 가산하여 계약할 수 있다.

수습기간과 최저임금

근로기준법과 최저임금법에서는 모든 근로자에게 최저임금을 원칙적으로 적용하지만, 일부 예외적인 경우에는 최저임금을 적용하지 않아도 된다.

3개월 이내의 수습 근로자는 최저임금의 90% 적용 가능하다. 단, 정규직 채용을 전제로 하는 수습 근로여야 한다. 만일 계약 기간이 1년 미만인 근로자(예 : 6개월 계약직)라면 수습을 이유로 최저임금을 감액할 수 없다.

Ⅳ 복리후생과 근로소득

복리후생은 근로자의 생활 향상과 직무 만족도를 높이기 위한 다양한 혜택을 말한다. 급여 외에도 근로자가 직장에서 어떤 지원을 받을 수 있는지가 중요하다.

1) 법정 복리후생

① 4대 보험 : 국민연금, 건강보험, 고용보험, 산재보험
② 연차휴가 : 근로자가 1년 이상 근무 시 15일 이상의 연차휴가를 제공
③ 퇴직금 : 근로자가 1년 이상 근속하면 퇴직금 지급의무

2) 비법정 복리후생

법적으로 의무는 아니지만, 근로자의 만족도 향상을 위해 제공되는 다양한 복리후생이 있다.

① 식대 : 회사에서 직원에게 제공하는 식사 비용이나 식권. 식사 제공을 통해 직원들의 식비 부담을 줄여주는 혜택이다.
② 교통비 : 출·퇴근 또는 업무 수행 시 발생하는 교통 비용을 회사에서 지원해주는 금액을 말한다. 대중교통비, 주유비, 주차비 등이 포함될 수 있다.
③ 차량보조금 : 직원이 업무 목적으로 차량을 사용할 때 발생하는 유지비, 보험료 등을 회사에서 지원해주는 금액을 말한다.

④ 사택제공이익 : 회사에서 직원에게 사택을 제공하여 주거비 부담을 줄여주는 혜택이다.

⑤ 명절선물 : 명절을 맞아 회사에서 직원에게 선물이나 금품을 제공하는 혜택이다. 주로 추석, 설날 같은 큰 명절에 지급한다.

⑥ 결혼축하금 : 직원이 결혼할 때 회사에서 축하의 의미로 지급하는 금액을 말한다.

3) 복리후생 근로소득 과세여부

대부분의 개별 근로자에게 귀속을 추적할 수 있는 복리후생은 근로소득으로 과세된다. 다만 다음의 경우는 비과세 근로소득으로 열거하고 있다.

① 종업원 등의 사택제공이익

출자자가 아닌 임원, 소액주주인 임원, 임원이 아닌 종업원이 기업이 소유하고 있는 주택을 무상 또는 저리로 제공 또는 기업이 직접 주택을 임차하여 무상으로 제공받음으로써 얻는 이익은 근로소득에 포함하지 아니한다.

② 출자자와 친족이 아닌 중소기업 종업원의 주택의 구입·임차 자금을 대여 받음으로써 얻는 이익

③ 위탁보육비 지원금 및 직장어린이집 운영비

④ 단체순수보장성보험 등

⑤ 사내근로복지기금으로부터 받는 장학금 등

⑥ 경조금(소칙 제10조 제1항) : 사업자가 그 종업원에게 지급한

경조금 중 사회통념상 타당하다고 인정되는 범위 내의 금액은 이를 지급받은 자의 근로소득으로 보지 아니한다.

⑦ 자기차량운전 보조금 : 종업원의 소유차량(본인 명의로 임차한 차량 포함)을 종업원이 직접 운전하여 사용자의 업무수행에 이용하고 시내출장 등에 소요된 실제 여비를 받는 대신에 그 소요경비를 해당 사업체의 규칙 등에 의하여 정해진 지급 기준에 따라 받는 금액(자기차량운전보조금) 중 월 20만 원 이내의 금액

비용을 지출하다.

▣ 급여를 지급하다. 4대보험, 원천징수

급여를 지급할 때 4대보험과 소득세, 지방소득세는 각각 다른 방식으로 산정되어 공제되어야 한다. 이들은 급여명세서에 명확하게 표시되어야 하며, 각 항목의 계산 방법과 명세서 작성 방안을 아래와 같이 정리할 수 있다.

1. 4대보험 (국민연금, 건강보험, 고용보험, 산재보험)

4대보험은 근로자가 부담하는 보험료와 사용자가 부담하는 보험료를 구분하여 공제해야 한다.
근로자 부담분만 급여에서 공제되며, 사업주는 이를 국민연금공단, 건강보험공단, 고용노동부 등 관련 기관에 납부한다.

1) 국민연금

① 산정방법 : 기본급을 기준으로 9%의 보험료가 적용되며, 해당 금액을 고용자와 사용자가 각각 반반씩 부담한다.

② 예 : 기본급이 3,000,000원일 경우

3,000,000원 × 9% = 270,000원

근로자 부담 : 270,000원의 절반인 135,000원 공제

2) 건강보험

① 산정방법 : 기본급을 기준으로 7.09%의 건강보험료와 해당 금액의 12.95%를 노인장기요양보험료로 부담하며 고용자와 사용자가 각각 반반씩 부담한다.

② 예 : 기본급이 3,000,000원일 경우

3,000,000원 × 7.09% = 212,700원의 건강보험료

예 : 212,700원 × 12.95% = 27,540원의 노인장기요양보험료

③ 근로자 부담 : 212,700원 + 27,540원의 절반인 120,120원 공제

3) 고용보험

① 산정방법 : 고용보험은 1.8%의 보험료가 적용되며, 해당 금액을 고용자와 사용자가 각각 반반씩 부담한다.

② 예 : 기본급이 3,000,000원일 경우

3,000,000원 × 1.8% = 54,000원

③ 근로자 부담 : 27,000원 공제

4) 산재보험

① 산정방법 : 산재보험은 전액 사용자가 부담하므로 근로자에게
  공제하지 않는다.
② 근로자는 산재보험료를 공제하지 않는다.

2. 소득세 및 지방소득세

소득세와 지방소득세는 근로자의 세액을 계산하여 공제한다. 이
때, 소득세는 누진세율을 적용하고, 지방소득세는 소득세의 10%를
추가로 계산한다.

1) 소득세

① 산정방법 : 근로자의 과세표준에 따른 세율을 적용한다.
② 급여에 맞는 세율표를 이용하여 소득세를 산정
③ 예 : 월급여가 3,000,000원이라면 근로소득 간이세액표를 참
  고하여 해당 금액에 해당하는 소득세액을 계산

2) 지방소득세

① 산정방법 : 소득세의 10%를 별도로 계산하여 공제한다.
③ 예 : 소득세가 30,000원이라면 지방소득세는 30,000원 ×
  10% = 3,000원

3. 급여명세서 작성 시 항목 표시

1) 급여명세서에는 급여와 관련된 각 항목을 명확하게 구분하여 표시해야 한다.

2) 급여명세서 예시

항목	금액
기본급	3,000,000원
수당	200,000원
총 지급액	3,200,000원
공제 항목	
- 국민연금(근로자)	135,000원
- 건강보험(근로자)	104,850원
- 고용보험(근로자)	24,000원
- 소득세	30,000원
- 지방소득세	3,000원
총 공제액	296,850원
실지급액	2,903,150원

Ⅱ 프리랜서를 사용하다. 3.3%, 프리랜서는 직원?

프리랜서는 일반적으로 근로자와는 구별되는 사업자이다. 프리랜서 계약을 맺은 사람은 근로자가 아니기 때문에 근로기준법에 의한 보호를 받지 않으며, 4대 보험의 적용을 받지 못한다. 소득세 및 지방세에 대해서는 3.3%만 원천징수하므로 간단하다.

1. 프리랜서 지급방법

프리랜서(사업소득자) 계약은 고용계약이 아닌 용역계약(도급, 위임 등)을 체결하고, 지급액의 3.3%(소득세 3% + 지방소득세 0.3%)를 원천징수하는 방식이다.

원천징수한 세금은 지급자가 국세청에 신고하며, 프리랜서는 다음 해 5월에 종합소득세 확정신고를 해야 한다.

2. 프리랜서 주의사항

1) 4대 보험 추징 위험 (근로자성 인정 가능성)

사실상 근로자라면 4대 보험 적용 대상이며, 사용자는 미가입분을 추징당할 수 있다.

프리랜서라도 근로자성과 종속성이 인정되면 노동법상 근로자로 간주되기 때문이다. 근로자로 간주되면 사용자가 4대 보험료(국민연금, 건강보험, 고용보험, 산재보험)를 소급 적용하여 부담해야 한다. 또한 퇴직금, 연장근로수당, 연차수당 등도 지급해야 할 위험도 있다.

2) 프리랜서의 미등록 사업자 문제 (무신고 가산세 및 세금 부담)

프리랜서는 원칙적으로 물적설비 없이 일시적인 인적용역을 제공하는 자여야 한다. 물적설비를 둔 경우 프리랜서는 미등록사업자가 되어 부가가치세를 추징당할 리스크가 있다.

3) 프리랜서의 물기장 사례

일부 프리랜서는 장부 기장을 하지 않고 경비를 부풀려 신고(일명 "물기장")하는 경우가 많은바 이른바 "가라장부"를 만들어서 소득세를 턱없이 낮게 신고하는 행위가 많고, 사고도 많이 발생하는바 주의하여야 한다. 세금을 줄이려는 마음은 인간의 본성에 가까운 것이어서 극복하기 어렵다. 마음은 이해가 가지만 본세나 가산세의 추징이 없어지는 것은 아니다.

3. 3.3%의 남발

사실 3.3% 원천징수 당하는 인적용역 제공자들은 사회적으로 최약자들이다. 누구나 대학생 시절 알바를 할 때 4대보험 드는 대신 월급 좀 더 받아본 경험이 있을 것이다. 3.3%가 대학생 알바같은 사람들이다. 당장의 돈이 중요하고 미래에 대한 보험이 덜 중요한 사람들이다. 다만 편리하다 보니 남발하게 되고, 사고가 터질 때까지 경계심을 가지지 못한다면 결국 사고는 터지게 된다.

Ⅲ 세금계산서를 받고 임차료를 지급하다.

임차료에 대한 세금계산서를 받았을 때, 세금계산서에 기재된 내용과 계약서의 내용을 정확히 비교하고, 부가가치세 처리 및 지급 기한에 대한 사항을 확인하는 것이 중요하다.

1. 세금계산서에 기재된 내용과 계약서의 일치 여부 확인

세금계산서에 기재된 내용과 임대차 계약서의 내용이 일치하는지 확인해야 한다.
　① 계약 당사자 정보
　② 계약의 내용
　③ 공급가액과 부가가치세
　④ 임대차 기간

2. 세금계산서를 받고 임차료 지급 시기

세금계산서를 받은 후 임차료 지급 시점은 세금계산서 발행일과 계약서상의 지급 조건에 따라 달라질 수 있다. 일반적으로 계약서 등에 14일 정도의 지급시기를 정하고, 기업은 매월 지급일을 특정 (15일, 30일 등)하여 지급하는 것이 좋다.

3. 부가가치세 처리

주택이 아닌 부동산의 임대용역은 부가가치세가 과세되는 용역이다. 부가가치세 포함 여부는 계약서에 명시된 내용과 세금계산서에서 확인해야 한다.

① 계약서에 부가가치세 포함 여부가 명시되어 있을 수 있다. 예를 들어 "임차료가 1,000,000원, 부가가치세 별도" 등의 문구가 있을 수 있다.

② 이때 공급가액 1,000,000원, 부가가치세가 100,000원으로, 총 1,100,000원을 청구하는 세금계산서를 수령한다.

비용을 지출할 때는 [tip]

비용을 지급할 때는 증빙이 있어야 한다. 세금계산서, 계산서, 신용카드, 원천징수영수증, 기부금영수증 등이 있어야 하고 반드시 계좌로 송금하는 것이 좋다. 하다못해 청구서, 내역서, 합의서라도 있어야 한다. 거래내역을 확인(영수증, 송금, 결과물 등)할 수 있으나 법적증빙을 구비하지 못하면 가산세만 부담하지만, 증빙이 없으면 비용 부인을 통하여 법인세, 소득세 등 본세를 부담할 수 있다.

분쟁이 발생하였을 때는 서면으로 제시하여야 하므로 증빙을 첨부하여 비용을 집행하는 것을 습관화하는 것이 좋고 여의치 않은 경우, 기준금액(100만 원 등)을 정하여 기준금액을 초과하는 비용에 대해서는 철저히 관리하는 세무정책이 필요하다.

Ⅳ 직원들과 회식을 하다.

개인사업자가 직원들과 업무상 회식을 했을 경우, 필요경비로 인정되는 지는 몇 가지 조건에 따라 결정된다. 업무상 회식비용은 사업 관련 비용으로 인정될 수 있지만, 그에 대한 소명이 필요하다.

1. 업무상 회식비용의 필요경비 인정 여부

업무상 회식비용을 필요경비로 인정받기 위해서는 회식의 목적이 사업과 관련이 있어야 한다. 즉, 회식이 업무상 필요한 경비로써 직원의 업무 수행과 관련이 있음을 입증해야 한다.

1) 사업과의 관련성

업무상 회식은 직원들이 업무를 수행하는 데 있어 업무 능률을 높이기 위한 목적이어야 하며, 개인적인 사적 모임이 아니라 직무와 관련된 행사이어야 한다. 예를 들어, 직원들 간의 협력 강화, 의사소통 증진, 업무 스트레스 해소 등의 목적이 있어야 한다.

2) 회식 참석 대상

회식 참석자는 일반적으로 직원들만 포함되어야 하며, 그 회식이 업무와 관련된 목적이라면 직원 외의 사람이 참석한 경우에도 필요경비로 인정될 수 있지만, 그 경우 회식의 목적을 소명할 수 있어야 한다.

3) 지출 금액의 한도

회식비는 사업 관련 비용으로 인정되기 위해서는 적정한 금액이어야 하며, 과도한 금액은 소명에 어려움을 초래할 수 있다.

소명과 증명

'증명'이란 합리적인 의심의 여지가 없을 정도로 고도의 개연성을 인정할 수 있는 것을 말하고 형사소송 또는 자연과학에서 주로 이용하는 방법이다. 비교하여 '소명'은 당사자가 주장하는 사실에 대해서 일응 진실한 것으로 추측케 하는 것으로 증명만큼 까다롭지는 않지만 합리적이고 구체적인 근거가 필요하다.

2. 회식의 내용이 일응 타당한 것이어야 한다.

소명자료(회식 목적, 참석자 목록, 지출 내역 등)를 준비해야 한다. 이때, 과도한 비용 지출이나 불필요한 지출이 있었다면, 과세당국과 마찰이 발생할 수 있으므로, 적정한 금액과 업무 관련성을 입증하는 것이 중요하다.

Ⅴ 출장을 가다. 출장보고서?

근로자가 출장을 다녀오고 출장비를 정산하려면, 출장비 증빙자료와 정산 방법이 필요하다. 숙박료, 기차비, 일당 등의 항목을 정산할 때, 출장보고서는 매우 유용하며, 이를 통해 비용의 적정성과 업무 관련성을 입증할 수 있다. 무엇보다 가족, 친구와 함께 업무와 관련 없이 출장을 갔다는 등의 사례가 없어야 한다.

1. 출장비 정산을 위한 증빙자료

1) 숙박료

숙박 영수증을 준비해야 한다. 숙박비는 근로자 개인 카드로 지급한 경우, 해당 영수증을 첨부해야 하며, 숙박 업체의 상호, 지불 금액, 숙박 일수 등이 기재된 영수증이 필요하다.

출장비용이 합리적이고 업무와 관련이 있음을 소명할 수 있어야 한다. 예를 들어, 숙박 시설이 출장지와의 거리나 업무 일정에 맞는지 등을 보여주는 것이 좋다.

2) 기차비

기차표 영수증이 필요하다. 개인 카드로 결제한 경우에는 영수증과 결제 내역을 함께 제출해야 한다. 기차 이용 날짜, 탑승 구간, 금액 등이 기재된 승차권을 첨부하면 된다. 전자승차권을 사용한 경우, 상세 내역이 포함된 전자승차권 또는 계좌이체 내역을 첨부한다.

3) 일당(10만 원)

일당에 대한 정당한 사유와 기준이 명시된 출장보고서가 필요하다. 일당은 출장 기간 동안의 근로자의 근로와 시간을 기준으로 지급되므로, 출장의 시작일과 종료일, 출장 목적 및 업무를 구체적으로 기술한 출장보고서가 유용하다. 일당의 금액이 정해져 있거나 계약서/규정에 명시된 경우에는 이를 기준으로 지급하는 것이 일반적이다.

2. 출장보고서의 필요성

1) 출장보고서 작성 시 포함해야 할 내용

① 출장 목적 : 출장의 구체적인 목적(예 : 고객 미팅, 업무 협의 등)
② 출장 기간 : 출발일, 복귀일, 실제 출장 기간
③ 출장 장소 : 출장지의 정확한 장소
④ 출장 업무 내용 : 출장 중 수행한 업무 내용(회의, 현장 조사 등)
⑤ 소요된 경비 내역 : 숙박료, 교통비, 일당 등 각 항목에 대한 금액 및 사용 내역
⑥ 출장비 지급 내역 : 지급된 금액(일당 포함)과 증빙자료(영수증, 기차표 등)

2) 출장보고서의 중요성

① 세무상 비용인정 : 세무상으로 출장비를 필요경비로 인정받기 위해서는, 출장목적과 관련된 업무 수행 내역을 명확히 밝혀야 하므로, 출장보고서가 필수적이다.

② 정확한 정산 : 출장비 정산을 위해서는 정확한 지출 내역과 증빙이 필요하며, 출장보고서는 이를 체계적으로 정리해야 한다.

Ⅵ 동창회비를 납부하다. 비지정기부금

사업자가 지출한 금액을 필요경비, 즉 사업 비용으로 인정받을 수 있는지에 대한 여부는, 그 지출의 성격과 사업과의 관련성에 달려 있다.

사업관련성이 있으면 비용 인정을 한다. 단, 접대비 등은 한도 내에서 인정한다.

사업관련성이 없으면 기부금단체인 경우에 한도 내에서 비용을 인정하고, 기부금단체가 아니면 비용으로 인정하지 않는다. 이런 기부금단체 외에 단체에 지급한 기부금을 비지정기부금이라고 한다. 일반적으로 동창회비와 같은 사적 모임은 업무와 관련이 없고 기부금단체도 아니므로 비용으로 인정받을 수 없다.

기부금단체

기부금단체는 공익법인과 같은 말이다. 예전에는 다른 말이었으나 법정 기부금단체와 지정기부금단체를 공익법인으로 통일하고, 기부금대상 민간단체를 공익단체로 통일하였다(2020년 개정). 종교, 교육, 사회복지, 의료, 문화 등 불특정 다수를 위한 공익사업을 영위하는 비영리법인 등을 말한다(상증법 제16조 제1항, 상증령 제12조). 기부금단체는 홈택스 → 공익법인공시 → 기부금단체 간편조회에서 조회할 수 있다.
기부금단체에 관한 추가적인 내용은 "공익법인의 설립(페이지 310)"에서 다루기로 한다.

1. 동창회비가 필요경비로 인정될 가능성

업무와 관련이 없다면 필요경비로 인정받기 어려운 비용이다. 사적 모임이나 사회적 활동에 해당하는 비용은 사업 관련성을 입증하기 어려운 경우가 많기 때문이다.

2. 기부금영수증이 없을 경우

동창회비가 기부금 성격이 있는 경우라도, 기부금영수증이 없으면 일반적으로 기부금으로 인정되지 않는다. 기부금은 법정 지정 기부금등 열거된 단체에 지급하고 기부금영수증을 수취한 경우에 한도 내에서 인정될 수 있다. 따라서 입금증만으로는 기부금으로 인정받기 어렵다.

3. 동창회비 처리 방법

동창회비가 업무와 관련이 없다면, 이 비용은 필요경비로 인정받기 어렵다. 가급적 사적인 영역과 사업적인 영역을 구분하여 두 가지가 섞이지 않도록 의도적으로 노력하여 관리하는 태도가 필요하다.

4. 개인과 법인의 차이

개인사업자라면 해당 비용을 부인하고 사업소득에 대한 세금을 좀 더 내면 된다. 그러나 비지정 기부금을 법인의 비용으로 처리하면 해당 비용을 부인할 뿐 아니라 비용의 귀속자에게 소득처분(모르면 대표자)하여 소득의 귀속자가 소득세도 내야 한다.

Ⅶ 골프를 치다. 경조사비를 내다.

거래처와 골프를 치거나 명절 선물을 보내는 비용은 접대비로 처리할 수 있는 경우가 있다. 중소기업의 접대비 기본한도 36백만 원이다. 사업자등록번호가 없는 프리랜서는 (중소)기업이 아니라고 하여 12백만 원의 한도가 적용된다. 접대비는 사업관련 경비이므로 접대비로 인정받기 위해서는 몇 가지 조건을 충족해야 하며, 이에 대한 서류 구비도 필요하다.

1. 접대비의 정의 및 한도

접대비는 거래처나 사업 관계자의 친목 및 업무 관계 강화를 위한 비용으로, 사업 관련성이 명확해야 한다. 사업 목적이 아닌 사적 목적이라면 접대비로 인정받을 수 없으며, 특히 세무조사 시 문제가 될 수 있다.

접대비는 2022년 소득세법과 법인세법 개정으로 기업업무추진비로 명칭이 바뀌었으나, 이 책에서는 종전 명칭대로 접대비로 쓴다.

2. 접대비로 인정받을 수 있는 조건

접대비로 인정받기 위해서는 업무 관련성을 입증할 수 있어야 한다.

① 골프 비용 : 골프가 업무상의 필요성이 있어야 한다. 예를 들어, 거래처와의 친목 도모, 계약 협상, 사업 미팅 등을 목적으로 골프를 쳤다는 점을 입증할 수 있어야 한다.

② 명절 선물 : 선물이 업무 관계 유지와 친목 도모의 목적이라면 접대비로 인정될 수 있다.

③ 경조사비 : 거래처에 대한 경조사비도 1건당 20만 원 이내라면, 청첩장 보존하거나 품의서를 작성·관리하여 접대비로 인정받을 수 있다.

3. 접대비로 인정받기 위한 서류

① 반드시 대표자 카드 및 법인카드로 이용하여 지출하여야 한다. 3만 원을 초과하는 접대비는 대표자 명의카드(법인의 경우 법인카드)로 지출하지 않으면 전액 불공제된다.

② 접대의 상대방이 누구인지 특정할 수 있으면 좋다. 특히 상품권을 업무와 관련해서 특정인에게 지급하는 경우 접대비로 인정되지만, 반드시 신용카드로 구입해야 하며, 상품권은 국세청에서 구입 내역 확인이 가능하므로, 회사에서 장부를 만들어 따로 관리하여야 한다.

③ 현금접대비(경조사비)는 20만 원을 넘지 않도록 관리한다.

4. 접대비 의제금액

접대비 기본한도 3,600만 원은 혼자서 사용하기엔 넉넉한 금액처럼 보일 수도 있다. 그러나 접대비는 놀고 먹는 금액만을 의미하는 것은 아니다.

거래처에 저가로 판매한 가액, 거래관계를 원활히 하기 위하여 포기한 채권의 가액 등 거래관계를 위해 손해를 본 금액은 접대비로 의제된다. 따라서 대부분의 기업은 접대비 한도를 초과하는 경우가 많다. 비교하여 대부분이 기업에서 기부금은 항상 한도에 미달한다. 달콤 씁쓸한 여운이 있다.

Ⅷ 상품권 관리는 철저히

상품권은 현금과 동일하고, 추적이 불가능한 특별한 접대비이다. 뇌물이나 로비의 수단으로 활용될 수 있으며, 대표자가 사적으로 유용하기도 편리하다. 따라서 상품권 사용처를 입증하는 것이 무엇보다 중요하다.

1. 상품권 지급 시

거래처에 상품권을 지급하는 경우 접대비로 인정받을 수 있지만, 적격 증빙이 필요하다.

상품권은 재화와 용역의 공급거래가 아니므로 세금계산서나 계산서, 개인카드 거래가 있기 어렵다(특히 신용카드로 상품권을 구매한 후 현금화하여 카드대금을 결제하는 불법거래(카드깡)를 막기 위하여 제한하고 있다). 따라서 법인카드, 현금영수증이 유일한 수단이 될 수 있다. 특히 접대비는 법인카드, 대표자명의 카드 이외의 증빙을 인정하지 않는바 구매 수단을 잘 선정하여야 한다.

2. 상품권관리대장 작성

20X1년 상품권 지급 대장

상호 :   기간 : 20X1.01.01.부터 20X1.12.31.까지

이 름	주민등록번호	프리랜서	근로자	지급금액	지급일자	비고
홍길동	000000-0000000	✔		200,000원	9월 25일	
			금액 합계	000,000원		

Ⅸ 홍보물(달력)을 배포하다.

홍보용 달력이나 우산을 제작하여 불특정 다수에게 배포하는 경우, 해당 비용은 일반적으로 광고선전비로 처리할 수 있다.

1. 비용 처리 항목 : 광고선전비 vs 접대비

광고선전비	접대비
한도 없이 비용인정	한도 내에서 비용인정
• 불특정 다수에게 배포하는 경우 (예 : 대중에게 홍보하는 목적) • 광고 목적이 명확한 경우(예 : 회사 로고, 제품 홍보 내용이 포함된 달력·우산)	• 특정 거래처를 대상으로 배포할 경우(예 : VIP 고객, 특정 거래처만 대상) • 광고 목적보다는 관계 유지를 위한 증정의 성격이 강한 경우

2. 5만 원 이내의 금액일 것

업무와 관련하여 광고 홍보 목적을 연간 5만 원 이하의 금액(특정 인에게 지급하는 경우 건당 3만 원 이하의 금액)인 경우에는 광고 선전비로 처리할 수 있다.

1) 법인세법 시행령 제19조(손비의 범위) : 18. 광고선전 목적으로 기증한 물품의 구입비용[특정인에게 기증한 물품(개당 3만 원 이하의 물품은 제외한다)의 경우에는 연간 5만 원 이내의 금액 으로 한정한다]

2) 소득세법 집행기준 27-55-28【광고선전비와 유사비용의 구분】

광고·선전을 목적으로 견본품·달력·수첩·컵·부채 기타 이와 유사한 물품을 불특정 다수인에게 기증하기 위하여 지출한 비용[특정인에게 기증한 물품(개당 3만 원 이하의 물품은 제외한다)의 경우에는 연간 5만 원 이내의 금액에 한정한다]은 광고선전비로서 필요경비에 산입하며 이와 유사한 비용(기업업무추진비, 기부금, 판매장려금)은 다음과 같이 구분된다.

구분	광고선전비	유사비용	유사비용처리
지출대상	불특정 다수인	특정인	–
지출목적	판매촉진, 구매의욕 자극	거래처와의 원활한 관계 지속	접대비
업무 관련성	업무와 관련	사업목적과 무관	기부금
지급대상	사전약정없이 불특정 다수인에게 지급	매입처에게 판매수당·장려금 지급 (사전약정없이 지급하는 경우 포함)	판매장려금

X 자가용의 업무사용 비용처리는

개인이 승용차를 사업용으로 일부 사용하고 차량 유지비를 비용처리하는 경우, 차량이 1대이면 사업 경비로 인정받을 수 있다. 그러나 이 경우에도 세무조사에 대비하여 구비해야 할 자료를 준비하는 것이 중요하다.

1. 차량관련 비용이 1,500만 원 이상이면 운행일지 작성

사업용으로 승용차를 사용한다고 주장하려면, 차량의 사용 비율이 중요한 요소이다. 개인적으로 사용하는 부분과 사업용으로 사용하는 부분을 구분하여 정확히 비용 처리해야 하므로 차량 사용 비율을 명확히 입증할 수 있는 자료가 필요하다.

2. 세무조사 시 구비해야 할 자료

1) 차량 사용 내역서(업무용 사용 비율)

차량의 업무용 사용 비율을 입증할 수 있는 사용 내역을 준비해야 한다. 업무로 사용한 날짜, 목적지, 사용 시간 등을 기록한 차량 운행일지를 준비해야 한다.

2) 차량 관련 지출 내역

차량 유지비용을 비용 처리하려면, 차량에 관련된 모든 비용에 대해 영수증이나 계좌이체 내역 등을 준비해야 한다.
① 유지비용 : 연료비, 보험료, 정비비, 세금(자동차세 등), 주차비 등
② 유지비용 분배 : 업무용과 개인용으로 나누어 지출 비율을 계산하고, 업무용 지출만을 필요경비로 인정받을 수 있다.

3) 차량 관련 계약서 및 서류

차량 구매 계약서나 리스 계약서가 있을 경우, 해당 서류도 필요하다. 예를 들어, 리스 차량이라면 리스 계약서에 명시된 리스료를 사업용 비율에 맞춰 비용으로 처리할 수 있다.

4) 차량의 업무용 사용에 대한 입증 서류

업무 관련 서류를 준비해야 한다. 예를 들어, 업무용 출장, 미팅, 고객 방문 등의 업무 진행 내역을 기록한 출장 보고서, 회의록 등을 첨부할 수 있다.

업무 관련 활동을 입증하는 문서나 이메일, 메모 등이 도움이 될 수 있다.

3. 차량이 장부에 등재되어 있다면

① 차량매각시 처분손익도 사업소득에 포함되어야 한다.
② 차량매각시 세금계산서를 발급하고 부가가치세를 납부하여야 한다.

따라서 차량의 사업용 사용여부 및 장부등재 여부는 단순히 감가상각비 비용처리 이외의 사항들을 고려하여야 한다.

제10절
세금을 신고하다.

I 부가세를 신고하다.

부가가치세 신고는 일반과세자와 간이과세자로 나뉘며, 일반과세자의 경우 확정신고 2회와 예정신고 2회, 총 4회 신고해야 한다. 간이과세자는 1년에 1회 신고(1월)하고 예정신고는 부과고지로 갈음한다.

1. 부가가치세 신고 기한

구분	신고 대상 기간	신고·납부 기한
1기 예정 신고	1월 1일 ~ 3월 31일	4월 25일
1기 확정 신고	1월 1일 ~ 6월 30일	7월 25일
2기 예정 신고	7월 1일 ~ 9월 30일	10월 25일
2기 확정 신고	7월 1일 ~ 12월 31일	다음 해 1월 25일
간이과세자 신고	1년치(1월~12월)	다음 해 1월 25일

단, 직전 과세기간(6개월) 공급가액이 1억 5천만 원 미만인 일반과세자는 예정신고의무 없다. 예정고지 대상으로 고지서를 받아 납부하면 된다.

2. 부가가치세 신고 절차 및 순서

1) 매출·매입 세금계산서, 계산서, 신용카드 매출·지출 내역 정리한다.

① 매출세액은 공급대가(공급가액 + 부가가치세)에서 부가가치세 부분이다.

② 매입세액은 매입 시 부담한 부가가치세 중 공제 가능한 금액이다.

2) 전자세금계산서 및 카드매출 자료 확인 (국세청 홈택스)

① 홈택스에서 전자세금계산서, 신용카드 매출내역, 현금영수증 자료 조회한다.

② 매입자료도 검토하여 세금계산서 불일치 여부 확인한다.

3) 부가가치세 신고서 작성

① 매출세액과 매입세액을 정리하여 부가가치세 신고서 작성한다.

② 공제받을 수 있는 항목(신용카드 세액공제, 의제매입세액공제, 대손세액공제 등) 반영한다.

4) 신고서 제출 (홈택스 또는 세무서 방문 신고)

① 홈택스(전자신고) : 홈택스에서 부가가치세 신고 메뉴를 이용한다.

② 세무서 방문 신고 : 종이 신고서 작성 후 제출한다.

5) 납부 (세금이 발생하는 경우)

① 홈택스에서 국세납부 진행(신용카드, 계좌이체, 인터넷뱅킹 등 가능)한다.
② 가산세 방지를 위해 기한 내에 납부하여야 한다.

6) 환급이 발생하는 경우 환급 신청

① 매입세액이 매출세액보다 많아 환급이 발생하면, 환급 신고할 수 있다.
② 영세율매출이 있거나 고정자산 매입이 있으면 부가세신고기간이 아니라도 조기에 환급을 신청하여 부가가치세를 환급받을 수 있다.
③ 일반적으로 신고 후 30일 내 환급된다.

3. 부가가치세 신고 시 유의사항

1) 신용카드 세액공제

소매업, 음식점업, 숙박 및 미용업 등을 영위하는 개인사업자(전년도 매출 10억 원 이하일 것)가 신용카드, 현금영수증 등을 발행한 경우 신용카드 등을 발행한 매출액(VAT 포함)의 1.3%를 부가세신고시 연간 1천만 원을 한도로 세액공제한다.

2) 의제매입세액공제(농·축·수산물 구입 시 적용 가능)

과세사업을 영위하는 사업자가 면세 농산물 등을 구입하는 경우 의제매입세액공제를 받을 수 있다. 과세사업자의 경우 모든 업종에 대하여 의제매입세액공제를 받을 수 있으나 간이과세자의 경우 음식점 및 제조업을 영위하는 사업자만이 의제매입세액공제를 받을 수 있다.

의제매입세액 공제율

구 분		개인	법인	
			중소	대기업
음식점	유흥장소	2/102		
	그 외	8/108	6/106	
제조업	과자점, 떡방앗간	6/106	2/102	
	그 외	4/104		2/102
기타업종		2/102		

① 부가가치세의 면제를 받아 공급받은 농산물·축산물·수산물 또는 임산물의 가액으로 가공되지 아니한 식료품(미가공식료품) 등을 구입한 날이 속하는 예정 또는 확정신고기간에 공제한다.

② 의제매입세액을 공제받으려는 사업자는 의제매입세액공제신고서와 매입처별계산서합계표 또는 신용카드매출전표 등 수

령명세서를 제출하여야 한다. 다만, 제조업을 영위하는 사업자가 농·어민으로부터 면세농산물 등을 직접 공급받는 경우에는 의제매입세액공제신고서만을 제출한다.

③ 해당 과세기간(6개월)에 면세농산물 등과 관련한 과세 공급가액의 50~70%를 공제한도로 한다.

구 분		개인			법인
		1억 원 이하	2억 원 이하	2억 원 초과	
한도	음식점업	75%	70%	60%	50% (26년 이후 30%)
	기타업종	65%		55%	

3) 대손세액공제

세금계산서 등을 발급하고 10년 이내에 대손이 확정된 경우 대손이 확정된 과세기간에 대손확정서류를 첨부하여 매출부가세를 공제받을 수 있다. 이때 채무자에게는 부가가치세 추징이 발생하므로 주의하여야 한다.

4) 불공제 매입세액

① 접대비관련 매입세액

백화점, 골프장, 거래처선물 등 접대비관련 매입세액은 불공제한다.

② 비영업용 소형승용차관련 매입세액

승용차(정원 8인승 이하, 배기량 1,000CC 초과) 및 오토바이

(배기량 125cc 초과), 캠핑용자동차의 구입, 임차, 유지, 보수 관련 매입세액은 불공제한다.

③ 토지관련 매입세액

토지의 자본적지출, 철거예정건물의 매입, 토목공사관련 매입세액은 불공제한다.

④ 세금계산서 발행금지업종

목욕탕, 미용실, 택시비, 영화관 등은 매입세액은 불공제한다.

⑤ 면세사업관련 매입세액

면세사업과 관련한 매입세액은 불공제한다.

5) 간주임대료

사업자가 상가 등 주택 외의 부동산임대용역을 제공하고 월정 임대료와는 별도로 전세금 또는 임대보증금을 받는 경우 정기예금 이자상당액을 임대용역의 공급대가로 보며, 이를 간주임대료라 한다. 부가가치세법상 주택의 임대는 면세이므로 부가가치세 과세대상이 아니고 주택 외의 부동산만 간주임대료의 계산대상이 되는 것이다.

공급가액 = 전세금 또는 임대보증금 × 과세대상기간의 일 수 / 365일 × 정기예금 이자율

전세금 또는 임대보증금은 해당 과세기간 해당하는 금액을 말하며, 정기예금이자율은 계약기간 1년의 정기예금이자율로써 해당 예정신고기간 또는 과세기간 종료일 현재 정기예금 이자율을 사용

하며, 현재 정기예금 이자율은 3.5%이다.

① 부동산임대용역 중 간주임대료에 해당하는 부분에 대해서는 세금계산서를 발급하지 아니한다.

② 만약 임대인이 간주임대료에 대한 부가가치세를 부담하는 경우 임대인의 비용(세금과공과)으로 인정을 받는다.

③ 부가세 신고시에는 부동산임대업을 영위하는 사업자가 부가가치세 간주임대료를 과세표준에 포함하는 경우 부가가치세 신고서상의 과세표준 및 매출세액란의 '기타'(②)란에 간주임대료 과세표준액과 세액을 기재한다.

④ 과세표준명세에는 과세표준 합계금액을 기재하며, 간주임대료도 포함한다.

⑤ 부가가치세 신고시 '부동산임대공급가액명세서'를 제출하여야 하며, '부동산임대공급가액명세서'를 제출하지 않는 경우 제출하지 아니한 수입금액 또는 제출한 수입금액과 실제 수입금액과의 차액에 대하여 100분의 1에 해당하는 금액을 납부세액에 더하거나 환급세액에서 뺀다.

Ⅱ 소득세를 신고하다.

1. 소득세 신고 기한

구분	신고 대상 기간	신고·납부 기한
연말정산(근로소득자)	1년치(1월~12월)	다음 해 2월분 급여 지급 시 정산
종합소득세 신고	1년치(1월~12월)	다음 해 5월 1일 ~ 5월 31일
성실신고 확인 대상자	1년치(1월~12월)	다음 해 6월 30일
양도소득세 예정신고	양도 시점	양도일이 속하는 달의 말일부터 2개월 이내

2. 간편장부 대상자

1) 간편장부의 개념

간편장부란 복식부기로 회계장부를 기록하기 힘든 소규모 사업자들이 수입과 지출 내용을 쉽게 작성할 수 있도록 하는 것을 말한다. 거래처, 거래일자, 매출, 매입, 매매내용, 고정자산 항목 등을 간단하게 작성하는 것을 말한다.

2) 간편장부 대상자

① 해당 과세기간에 신규로 사업을 개시한 사업자
② 직전 과세기간의 수입금액 합계액이 다음 표의 업종별 기준금액에 미달하는 사업자

업종	기준 수입금액
농업·임업 및 어업, 광업, 도매 및 소매업(상품중개업을 제외), 부동산매매업(비주거용 건물건설업과 부동산 개발 및 공급업), 그 밖에 아래 항목에 해당되지 아니하는 사업	3억 원
제조업, 숙박 및 음식점업, 전기·가스·증기 및 공기조절공급업, 수도·하수·폐기물처리·원료재생업 및 환경복원업, 건설업(주거용 건물 개발 및 공급업에 한정), 운수업 및 창고업, 정보통신업, 금융 및 보험업, 상품중개업	1억 5천만 원
부동산임대업, 부동산업(부동산매매업은 제외), 전문·과학 및 기술서비스업, 사업시설관리 및 사업지원서비스업, 교육서비스업, 보건업 및 사회복지서비스업, 예술·스포츠 및 여가관련 서비스업, 협회 및 단체, 수리 및 기타개인서비스업, 가구 내 고용활동	7천5백만 원

③ 의사, 변호사, 세무사, 회계사 등 전문직 사업자는 간편장부대상자에서 제외하며, 직전연도 수입금액 규모에 관계없이 복식부기의무자에 해당한다.

3) 간편장부 대상자의 혜택

① 간편장부소득금액계산서[소득세법 시행규칙 별지 제74호 서식]에 따라 간단하게 장부를 작성하여 신고할 수 있다.

② 기장세액공제

간편장부 대상자가 복식부기에 의하여 장부를 작성하여 신고한 경우에는 산출세액의 20%(연간 100만 원 한도)를 세액공제 받을 수 있다.

③ 이월결손금 공제

간편장부로 장부를 작성하여 신고한 경우에도 결손금에 대하여 15년(2020년 12월 31일 이전 10년)간 이월결손금 공제가 가능하다.

④ 조세특례제한법상 세액감면 및 세액공제

「조세특례제한법」에 따른 중소기업특별세액 감면 및 각종 세액공제 적용이 가능하다.

3. 종합소득공제

종합소득세율을 결정하는 종합소득과세표준은 종합소득금액에서 종합소득공제 및 「조세특례제한법」상 소득공제를 차감하여 구한다.

종합소득공제의 종류는 다음과 같다.

1) 인적공제

① 기본공제

종합소득이 있는 거주자는 기본공제 대상에 해당하는 사람 수에 대하여 1인당 연 150만 원의 금액을 종합소득금액에서 공제한다.

② 추가공제

기본공제대상자 중에서 다음의 사유에 해당하는 경우에는 기본공제와 함께 다음에 정해진 금액을 추가로 공제한다.

공제 대상	공제 사유	공제 금액
경로우대자	기본공제대상자가 70세 이상인 경우	1명당 100만 원
장애인	기본공제대상자가 장애인인 경우	1명당 200만 원
부녀자	해당 과세기간에 거주자 본인이 종합소득금액 3천만 원 이하인 다음의 근로자 ① 배우자가 있는 여성이거나 ② 배우자가 없는 여성으로서 기본공제대상자인 부양가족이 있는 세대주	연 50만 원
한부모	거주자 본인이 배우자가 없으면서 기본공제대상자인 직계비속 또는 입양자가 있는 경우	연 100만 원

2) 연금보험료공제

종합소득이 있는 거주자가 공적연금 관련법에 따른 기여금 또는 개인부담금을 납입한 경우에는 해당 과세기간의 종합소득금액에서 해당 과세기간에 납입한 연금보험료를 공제한다.

3) 주택담보노후연금 이자비용공제

연금소득이 있는 거주자가 주택담보노후연금을 지급받은 경우에는 지급받은 연금에 대하여 해당 연도에 발생한 이자상당액을 200만 원 한도 내에서 공제한다.

4) 보험료소득공제

근로소득이 있는 거주자(일용근로자는 제외)가 해당 과세기간에

「국민건강보험법」, 「고용보험법」, 「노인장기요양보험법」에 따라 근로자가 부담하는 보험료를 지급한 경우에는 그 금액을 해당 과세 기간의 근로소득금액에서 공제한다.

5) 주택자금소득공제

무주택 세대의 세대주로서 근로소득이 있는 거주자(일용근로자는 제외)가 주택을 마련하기 위하여 주택청약종합저축에 납입한 금액, 주택 임차를 위해 차입한 주택임차차입금관련 원리금 상환액 및 주택 구입시 차입한 장기주택저당차입금 이자상환액이 있다면 다음의 조건을 충족하는 경우에 한하여 소득공제를 적용한다.

구분	공제대상자	공제대상 주택자금
주택청약종합 저축납입액 소득공제(조특법 제87조 제2항)	해당 과세기간 총급여 7천만 원 이하면서, 해당 과세기간 중 무주택 세대의 세대주	연 300만 원을 납입한도로 해당 과세기간에 청약저축 또는 주택청약종합저축에 납입한 금액
주택임차차입금 원리금상환액 소득공제	해당 과세기간 종료일 현재 무주택 세대의 세대주	국민주택규모의 주택을 임차하기 위하여 지급하는 주택임차자금 차입금의 원리금 상환액
장기주택저당차 입금이자상환액 소득공제	취득당시 무주택 세대 또는 1주택을 보유한 세대의 세대주	취득 당시 기준시가 6억 원 이하인 주택을 취득하기 위하여 그 주택에 저당권을 설정하고 차입한 장기주택저당차입금의 해당 과세기간 지급한 이자상환액

위 주택자금소득공제의 금액과 한도는 다음과 같다.

① 소득공제액

- 주택청약종합저축납입액의 40%
- 주택임차차입금원리금상환액의 40%
- 장기주택저당차입금이자상환액 100%

② 소득공제 한도

- 주택청약종합저축납입액 소득공제액 + 주택임차차입금원리금상환액 소득공제액은 연 400만 원을 한도로 한다.
- 주택청약종합저축납입액 소득공제액 + 주택임차차입금원리금상환액 소득공제액 + 장기주택저당차입금이자상환액 소득공제액은 차입금 상환기간과 상환방식에 따라 연 600만 원, 연 800만 원, 연 1,800만 원, 연 2,000만 원을 한도로 하여 적용한다.

6) 기타 「조세특례제한법」상 소득공제

「소득세법」 외의 「조세특례제한법」상 소득공제의 대표적인 것으로는 신용카드 등 사용금액에 대한 소득공제(조특법 제126조의2), 벤처투자조합출자등 소득공제(조특법 제16조), 소기업·소상공인 공제부금 소득공제(조특법 제86조의3), 우리사주조합출자에 대한 소득공제(조특법 제88조의4), 고용유지중소기업소속근로자 소득공제(조특법 제30조의3 제3항), 청년형장기집합투자증권저축 소득공제(조특법 제91조의20) 등이 있다.

거주자의 종합소득에 대한 소득세를 계산할 때 소득공제 금액의 합계액이 2,500만 원을 초과하는 경우에는 그 초과하는 금액은 공제하지 아니한다. 그러므로, 종합소득공제 한도가 적용되는 소득공제 항목과 종합소득공제 한도가 적용되지 않는 항목을 구별할 필요가 있으며, 「소득세법」상 소득공제 항목은 주택자금소득공제를 제외하고 종합한도가 적용되지 않는다.

Ⅲ 근로자를 위해 연말정산을 해주다.

1. 연말정산의 개념

연말정산이란 근로소득을 지급하는 자가 다음 해 2월분 급여를 지급하는 때에 직전 해의 1년간 지급한 급여액에서 비과세 소득을 제외하고 각종 소득공제 및 세액공제액을 계산하여 근로자의 소득세액을 확정하는 것을 말한다. 그러므로, 원천징수의무자인 소득의 지급자는 근로자별로 연말정산에 의하여 확정된 세액과 매월 급여 지급시 간이세액표에 의하여 원천징수하여 납부한 세액을 비교하여 차액을 환급받거나 추가납부한다.

2. 연말정산의 일정

1) 연말정산 업무를 위한 사전 준비

국세청 홈페이지 → 국세신고안내 → 연말정산 항목 및 연말정산간소화서비스를 이용 → 장려금·연말정산·기부금 → 연말정산간소화에서 근로자가 홈택스의 연말정산간소화서비스에서 소득공제 및 세액공제 증명자료를 조회할 수 있다.

2) 소득공제 및 세액공제 증명자료 수집 및 제출

홈택스의 연말정산간소화서비스를 이용하여 수집한 자료와 연말정산간소화서비스에서 제공하지 않는 영수증 등은 근로자가 직접 수집하여 제출하여야 한다.

3) 공제서류 검토

근로자가 제출한 소득공제 및 세액공제 신청서와 증명서류 등을 세법에 따라 적절하게 공제가 가능한지 여부를 확인하여야 한다. 소득공제 및 세액공제 증명서류에 오류나 누락 등이 있으면 근로자에게 추가제출 요구 및 공제 가능 여부를 알려준다.

4) 원천징수이행상황신고서 및 지급명세서 제출

회사는 근로소득지급명세서를 3월 10일까지 홈택스 또는 관할 세무서에 제출하여야 한다. 기한 내 미제출하는 경우에는 미제출한 금액의 1%의 가산세가 부담되므로 주의하여야 한다. 회사는 조정환급과 환급신청 중 선택을 하며, 환급신청 후에는 국세청에서 30일 이내에 근로소득세를 환급하여 준다. 연말정산 환급세액은 세무서에서 근로자에게 직접 지급하지 않는 것이다. 연말정산 시에 누락하거나 잘못 신고한 것이 있다면, 5월 31일까지 근로자가 소득공제 및 세액공제를 확인하여 종합소득확정신고가 가능하다.

3. 연말정산 신고시 세무서 제출서류

1) 소득공제 및 세액공제 신고서

소득공제 및 세액공제 신고서를 제출하지 아니한 경우에는 근로자 본인에 대한 인적공제 및 표준세액공제만 적용하여 신고한다. 퇴직연금·연금저축 세액공제, 주택마련저축·장기집합투자증권저축 소득공제를 받기 위해서는 '연금·저축 등 소득·세액공제 명세서'를 제출하여야 한다. 월세액 및 주택임차차입금 원리금 상환액 공제를 받으려는 거주자는 '월세액·거주자간 주택임차차입금 원리금 상환액 소득·세액공제 명세서'를 제출하여야 한다.

2) 기타명세서의 제출

의료비지급명세서, 기부금명세서, 신용카드 등 소득공제 신청서 등 기타 명세서를 제출하여야 한다. 기부금, 의료비, 신용카드 공제를 받고자 하는 근로자가 있는 경우 기부금명세서, 의료비지급명세서, 신용카드 등 소득공제 신청서를 근로소득 지급명세서와 함께 작성·제출한다.

Ⅳ 원천징수신고를 하다.

원천징수란 소득을 지급할 때, 소득을 지급하는 자가 과세관청의 징수의무를 대신하여 세액을 징수한 후 과세관청에 신고·납부하는 제도를 말하며, 소득자의 소득유형에 따라 원천징수대상 소득 및 원천징수 세율을 정하고 있다.

1. 원천세 신고 및 납부

원천세는 소득을 지급한 달의 다음달 10일까지 신고·납부하여야 한다. 금융·보험업을 제외한 상시 고용인원 20인 이하인 사업자는 신청 후 승인을 얻어 반기별로 원천세를 신고·납부가 가능하다.

2. 지급명세서 제출

1) 일용근로소득 지급일이 속하는 달의 다음달 말일까지 제출하여야 한다. 만일 1월 근무분에 대하여 2월에 일용급여를 지급하면 3월 말일까지 지급명세서를 체출한다.

2) 거주자의 사업소득은 지급일이 속하는 달의 다음달 말일까지 간이지급명세서를 제출하여야 한다. 마찬가지로 1월 근무분에 대하여 2월에 사업소득을 지급하면 3월 말일까지 사업소득 간이지급명세서를 제출하여야 한다.

3) 거주자의 기타소득 중 강연, 자문 등 인적용역에 해당하는 기타소득은 매 지급일이 속하는 달의 다음달 말일까지 간이지급명세서를 제출하여야 한다.

4) 근로소득의 간이지급명세서는 반기 마지막 달의 다음 달 말일 (1월 31일, 7월 31일)까지 제출하여야 한다. 2026년부터는 매월 제출하여야 한다.

5) 이자소득, 배당소득, 기타소득은 지급일이 속하는 해의 다음연도 2월 말일까지 지급명세서를 제출하여야 한다.

6) 근로소득, 퇴직소득, 사업소득은 다음 연도 3월 10일까지 지급명세서를 제출하여야 한다.

Ⅴ 4대보험을 신고하다.

4대보험은 국민연금, 건강보험, 고용보험, 산재보험을 말하며, 사업장에 직원이 입·퇴사할때 4대보험의 취득·상실신고가 진행하게 된다. 4대보험 취득·상실 신고 기한과 신고 방법은 다음과 같다.

1. 4대보험의 취득·상실 기한

구분	취득신고 기한	상실신고 기한
건강보험	입사일로부터 14일 이내 신고	퇴사일로부터 14일 이내 신고
국민연금	입사한 날이 속하는 달의 다음 달 15일까지 신고	퇴사한 날이 속하는 달의 다음 달 15일까지 신고
고용보험		
산재보험		

4대보험 취득·상실신고를 미신고 하거나 지연신고를 하는 경우에는 인당 3만 원의 과태료가 부과될 수 있다.

2. 4대보험 취득·상실 신고

4대보험 취득·상실 신고는 ① 국민건강보험 EDI 시스템 신고, ② 공단에 팩스 신고, ③ 4대보험 정보연계센터 신고 등 다양한 방법이 있다. 실무상 국민건강보험 EDI 시스템을 이용하는 경우가 많다. 국민건강보험 EDI 시스템을 이용하여 신고하는 방법은 다음과 같다.

1) 취득신고

국민건강보험 EDI(https://edi.nhis.or.kr) 로그인 후 자주쓰는 서식 → 자격취득신고를 클릭한다. 사업장관리번호 입력 후 국민연금, 건강보험, 고용보험, 산재보험을 모두 체크하고 입사일을 입력한다. 보수월액은 비과세 금액은 제외한 금액을 입력하며, 1주 소정근로시간은 주휴시간을 제외하고 입력하면 된다. 성명, 주민등록번호 등 정보들을 입력한 후에 대상자등록 클릭 후 "신고(전송)/신청"을 클릭한다.

2) 상실신고

국민건강보험 EDI 로그인 후 자주쓰는 서식 → 자격상실신고를 클릭한다. 사업장관리번호 입력 후 국민연금, 건강보험, 고용보험, 산재보험을 모두 체크하고 상실일자는 퇴직한 날의 다음 날로 입력한다. 해당연도 보수총액은 비과세 금액은 제외한 총 급여액을 입력하며, 전년도 보수총액도 비과세 금액은 제외한 총 급여액을 입력한다. 근무월수 입력은 입사일이 속하는 달과 퇴사일이 속하는 달까지의 개월수를 입력한다. 성명, 주민등록번호 등 정보들을 입력한다. 상실사유는 자진퇴사 여부는 퇴사자의 실업급여 등과 관련되니 확인 후 입력하여야 한다. 마지막으로 "신고(전송)/신청"을 클릭한다.

취득신고나 상실신고가 잘 신청되었는지 확인하기 위하여 "신고(전송)/신청" 클릭 후 서식닫기 버튼을 누르면, "결과보기"를 클릭하여 처리결과 정상내역을 확인할 수 있다.

제11절 세무회계와 세법

I 세무회계와 세법

1. 개인사업자에게 세법이 회계보다 중요한 이유

개인사업자는 세법(조세법규)에 따라 직접 세금을 신고·납부해야 하며, 세금 부담을 줄이기 위해 세법을 이해하고 적용하는 것이 필수적이다.

1) 세법 적용이 곧 세금 절감과 직결

개인사업자는 법인과 달리 회계상의 재무제표 작성 의무가 없고, 세무 기준(단순경비율, 기준경비율, 복식부기 등)에 따라 신고한다.

따라서 회계보다 세법을 우선적으로 고려하여 필요경비, 감면 규정 등을 적용하는 것이 세부담을 줄이는 핵심 요소이다.

2) 각종 공제·감면 제도를 활용할 기회

세법에는 개인사업자가 적용받을 수 있는 다양한 공제 및 감면 제도가 포함되어 있다.

예를 들어, 업종별 경비 인정 기준, 감가상각비, 의제매입세액공제, 접대비 한도 등을 활용하면 합법적으로 세금을 줄일 수 있다.

2. 개인사업자의 연간 세무업무 일정 및 유의사항

월	주요 세무 일정
1월	부가가치세 확정 신고·납부 (25일)
2월	근로소득 연말정산 (원천징수의무자) 사업장 현황 신고 (10일)
3월	근로, 사업, 퇴직 지급명세서 제출 (10일) 연말정산 환급신청(반기별 납부자 포함) 정규직 일용직 보수총액신고 (15일) 법인세 신고·납부 (12월 결산 법인, 31일)
4월	부가가치세 1기 예정 신고·납부 (25일)
5월	사업용계좌 변경, 추가 신고기한 (31일) 종합소득세 신고·납부 (31일)
6월	성실신고 확인대상자 종합소득세 신고·납부 (30일)
7월	부가가치세 1기 확정 신고·납부 (25일)
8월	법인세 중간예납 (사업연도 1~6월 결산 법인, 31일)
9월	재산세 토지분 고지납부
10월	부가가치세 2기 예정 신고·납부 (25일) 종근무지 원천징수세액(3분기) 신고·납부 (10일)
11월	특별한 일정 없음
12월	종합부동산세 신고·납부 (15일)

개인사업자는 세법을 정확히 이해하고 신고 기한을 엄수해야 세금 부담을 줄이고 가산세를 방지할 수 있다. 연간 일정에 맞춰 부가세, 소득세, 원천세, 4대보험 등을 신고하고, 필요시 절세 전략을 수립하는 것이 중요하다.

ⅠⅠ 동업을 해보다.

이런저런 이유로 동업은 세금을 줄이는데 도움이 된다. 그러나 또 이런저런 이유로 동업은 오래 유지되기 어렵다.

1. 동업과 절세

동업을 하게 되면 다음과 같은 이유로 절세가 가능하다.
① 동업을 통해 소득 분배가 가능하여 소득세 부담을 분산시킬 수 있다.
② 동업자는 각자 지분율에 해당하는 소득을 신고하고, 각자의 세율로 적용된다.
③ 이 경우, 소득이 한 명에게 집중될 때보다 세율이 낮아질 수 있다.

2. 사업자등록증 변경 절차 (동업 시)

1) 동업 계약서 작성

동업 계약서에는 동업의 목적, 각자의 역할, 지분율(예 : 5:5), 책임 범위, 수익 배분 방식 등을 명확하게 기재해야 한다.

2) 사업자등록증 변경 신청

세무서에 방문하여 사업자등록증의 변경을 신청한다.

사업자등록 변경서를 작성하고, 새로운 동업자를 추가한 사업자등록증을 받는다.

3) 전자세금계산서 발행 여부 확인

새로운 동업자도 세금계산서 발행 자격이 있는지 확인하고, 변경된 사업자등록번호로 발행할 수 있도록 준비한다.

3. 동업으로 인한 분쟁 사유

1) 수익 분배 문제

동업자가 각자 원하는 비율대로 수익을 분배하지 않거나 지분율에 맞지 않는 분배를 주장할 경우 분쟁이 발생할 수 있다.

2) 업무 분담 불균형

동업자 간의 역할 분담에 대한 불만이 생길 수 있다. 예를 들어, 한 사람이 많은 일을 하거나 반대로 일을 하지 않는 경우 문제가 될 수 있다.

3) 자금 관리 및 인출 문제

사업 운영 중 발생한 자금의 사용에 대해 동업자 간의 의견 차이가 있을 수 있다. 자금을 어떻게 관리하고 분배할지에 대한 합의가 필요하다.

4) 사업 운영 방향 차이

사업을 운영하는 방향에 대해 동업자 간 의견 차이가 발생하면, 사업 전략이나 결정을 둘러싸고 갈등이 생길 수 있다.

5) 퇴사 및 사업 분할 문제

동업자가 퇴사하거나 사업을 떠날 때 지분 정산이나 사업의 분할 문제가 발생할 수 있다.

Ⅲ 성실신고 대상이 되기 전에 고민

개인이 성실신고 대상자가 되면 법인전환을 고려하는 이유는 세금 부담 증가, 세무관리의 복잡성, 공제·감면 혜택 차이 때문이다. 성실신고 자체가 불리한 것은 아니지만, 법인과 비교했을 때 세금 부담이 커지는 경우가 많다.

1. 성실신고 확인 대상자란?

성실신고 확인 대상자는 사업소득이 일정 기준을 초과하는 개인사업자로, 국세청이 신고 정확성을 높이기 위해 지정한 대상이다.

1) 2025년 기준 성실신고 대상 기준 (연 매출액)

① 도·소매업, 제조업 : 15억 원 이상

② 건설업, 부동산 매매업 : 7.5억 원 이상

③ 서비스업, 음식업 등 : 5억 원 이상

2) 성실신고 대상이 되면?

① 종합소득세 신고 시 세무대리인의 성실신고 확인서를 제출해야 한다.

② 기장 의무 강화, 신고 항목 증가, 가산세 위험이 증가한다.

③ 세금 부담이 증가할 가능성이 크다.

2. 개인사업자 vs 법인사업자 세율 비교

1) 개인사업자의 종합소득세율 (2025년 기준)

종합소득세는 누진세로, 소득이 많을수록 높은 세율이 적용된다.

과세표준 (소득)	종합소득세율
1,400만 원 이하	6%
5,000만 원 이하	15%
8,800만 원 이하	24%
1억 5천만 원 이하	35%
3억 원 이하	38%
5억 원 이하	40%
5억 원 초과	45%

여기에 지방소득세 10% 추가 부과하므로 실효세율 최대 49.5%이다. 따라서 사업소득이 많아질수록 세율이 급격히 증가한다.

2) 법인의 법인세율 (2025년 기준)

법인세율은 개인사업자보다 낮으며, 누진세 구조지만 구간이 상대적으로 완만하다.

과세표준 (소득)	법인세율
2억 원 이하	9%
2억 원 초과 ~ 3천억 원 이하	19%
3천억 원 초과	21%

법인세에도 지방소득세 10% 추가 부과하므로 최대 실효세율 23.1%이다.

3. 개인 vs 법인의 세금 차이 예시

연 소득 5억 원인 경우 개인과 법인의 세부담 차이(지방소득세 포함)는 아래와 같다.

구분	개인사업자 (종합소득세)	법인사업자 (법인세)
과세표준	5억 원	5억 원
기본 세율	45%	19%
지방소득세	4.5%	1.9%
총 세금 부담	2억 4,750만 원	9,950만 원

개인사업자는 약 2.5억 원 세금 부담, 법인은 약 1억 원 세금 부담하므로, 법인전환 시 약 1.5억 원 절세 효과 가능하다.

4. 법인전환의 장점

법인세율이 개인사업자의 종합소득세율보다 낮다. 소득이 높을수록 절세의 효과가 크다.

가족을 직원으로 고용해 급여 지급할 수 있다. 소득 분산 효과가 생긴다.

퇴직금을 적립 할 수 있다. 법인의 대표자도 퇴직금 받을 수 있다.

법인 신용을 활용한 대출 및 투자에 유리하다.

5. 세금 때문이라도 법인전환을 고려할 필요가 있다.

성실신고 확인 대상이 되면 세무 부담이 커지고, 종합소득세 누진세율로 인해 세금이 급격히 증가한다. 일정 소득(보통 연 2억~3억 원 이상)이 넘으면 법인전환 시 절세 효과가 크다. 그러나 법인은 운영 비용 증가, 법인자금 인출시 세금(배당소득세 등), 법인 유지 관리 필요 등의 단점이 있으므로 소득 수준과 사업 특성을 고려하여 신중히 결정해야 한다.

제 **2** 장

개인의
양도소득

제1절
내집마련을 하다.

Ⅰ 아파트를 분양받다.

아파트를 분양받을 때 직접적으로 부과되는 세금은 없다. 분양받은 순간에는 취득세와 부가가치세 관련한 사항만 있을 뿐이고, 양도소득세나 종합부동산세는 분양받는 시점에는 발생하지 않는다.

1. 취득세

아파트를 분양받을 때 발생하는 주요 세금이다. 분양가를 기준으로 취득세가 1~3% 부과되나 온전한 소유권을 확보하는 입주시점에 부과된다. 다주택자의 경우 8%나 12%의 높은 취득세율이 적용될 수 있다. 이때 분양권은 주택 수에 포함된다.

2. 부가가치세 (VAT)

분양업체가 부가가치세를 납부한다. 구매자는 분양가에 포함된 부가가치세를 지불하지만, 국민주택의 경우 부가가치세가 없다. 국민주택규모(85㎡, 34평형) 이상이면 부가가치세를 부담할 수 있다.

이는 분양대금이 높아진다는 의미이고, 부가세는 시행사가 납부하므로 수분양자 입장에서 신고·납부의 문제는 아니다.

3. 양도소득세

아파트를 분양받을 때는 양도소득세는 발생하지 않는다. 이 세금은 아파트를 판매할 때 차익이 발생할 경우 부과되는 세금이기 때문이다. 양도소득세는 팔 때 발생하는 세금이므로, 분양받을 때는 고려할 사항이 아니다.

4. 재산세와 종부세

재산세와 종합부동산세는 주택을 보유하는 사람에게 부과되는 세금이다. 주택을 보유한 상태에서 공시가격이 일정 금액 이상인 경우에 부과된다. 6월 1일 기준으로 주택을 보유한 사람에게 부과되며, 분양받은 시점에 이 세금이 발생하지 않는다. 입주일 이후부터 발생할 여지가 있다고 하겠다.

Ⅱ 아파트를 분양받다. 부부 공동명의? 단독명의?

아파트를 분양받을 때 부부 공동명의가 유리한지와 청약에 당첨되고 공동명의로 전환하는 절차에 대해 설명한다.

1. 아파트 분양 시 부부 공동명의가 유리한가?

부부 공동명의는 여러 면에서 유리할 수 있다. 주로 세금 및 자산 분배 측면에서 장점이 있기 때문이다. 아파트를 팔 때 양도소득세를 부부 공동명의로 분할하면 각자의 기본공제를 받을 수 있어 세금 절감 효과를 얻을 수 있다.

종부세의 경우에도 비슷하다. 공동명의의 공제액이 단독명의 공제액보다 크기 때문이다.

2. 청약에 당첨되고 공동명의로 전환하는 절차

청약에 당첨된 후, 분양 계약서를 체결할 때는 당첨자 명의로 계약이 이루어진다.

분양 계약서 상에 당첨자(1인)만 명시되더라도, 부부 공동명의로 변경을 원할 경우, 분양계약 후 명의 변경 절차를 통해 공동명의를 반영할 수 있다.

분양 계약서를 작성한 후, 계약 후 소유권 변경 절차에 대해 단지 개발사와 상담하거나 공인중개사의 도움을 받아 공동명의 절차를 진행한다.

3. 공동명의의 절세효과

구분	단독명의 (1인 소유)	공동명의 (2인 소유, 50:50)
양도차익	10억 원	각 5억 원 (총 10억 원)
장기보유특별공제	3억 원	각 1억 5,000만 원
과세표준	7억 원	각 3억 5,000만 원
세율	최고 42%	최고 40%
양도소득세	258백만 원	114백만 원
절세 효과	–	약 3천만 원 절감

1) 양도세 측면에서 공동명의가 훨씬 유리하다. 그러나 만일 거래가액 이 12억 원 이하이고 1세대 1주택 비과세가 적용되는 경우는 차이 가 없을 것이다.

① 단독명의는 7억 원을 한 번에 과세 → 최고세율 42% 적용
② 공동명의는 각 3.5억 원씩 과세 → 최고세율 40% 적용
③ 최종적으로 공동명의가 약 3천만 원 절세 효과가 있다.

2) 보유세(종부세)에서도 공동명의가 유리

재산세 부담은 각각 50%씩 부담하므로 가구 내 총 부담액에는 차이가 없다. 종합부동산세 1인당 9억 원 공제하므로 두명이면 18 억 원이 공제되고 1세대 1주택자는 12억 원 공제하므로 공동명의 시 부담 감소한다. 그러나 이는 주택공시가격이 12억 원 이하라면 차이가 없을 것이다. 또한 12억 원이 공제되는 경우 고령자 및 장기 보유자세액공제(최대 80%)가 적용될 소지가 있는바 비교하여 9월 에 1주택자 특례를 신청하면 좋다.

Ⅲ 아파트가 준공되어 입주하다.

아파트가 준공되고 입주가 시작될 때의 중도금 대출 무이자 정리 방법과 잔금 납부 방법, 그리고 보존등기 후 이전등기 방법에 대해 알아본다.

1. 중도금 대출 정리 방법

중도금 대출은 분양 계약 후 분양가의 일부를 분할하여 지급하는 금액으로, 보통 중도금 대출은 무이자로 제공되는 경우가 많다. 중도금 및 잔금 납부 방법에 대해 두 가지 상황인 담보대출로 전환하는 방법과 세입자의 전세금으로 납부하는 방법에 대해 살펴본다.

1) 담보대출로 전환하는 방법

담보대출은 주택을 담보로 대출을 받아 중도금 및 잔금을 납부하는 방법이다. 이 방법은 대부분 은행 대출을 통해 이루어지며, 주택을 담보로 설정하여 대출을 받는 방식이다.

① 대출 상담 : 아파트 분양 시 중도금과 잔금을 납부하기 위한 담보대출을 받기 위해 은행에 상담을 신청한다. 대출 시, 아파트를 담보로 대출을 진행하며, 대출금액은 보통 주택 가격의 일정 비율을 차지한다.

② 대출 심사 : 은행에서 대출 심사를 진행한다. 대출 심사 시 소득 증빙서류, 신용도 등을 고려하여 대출 승인 여부가 결정된

다. 대출 한도는 주택 평가 금액과 소득 능력 등을 기준으로 결정되며, 대출금 이자율과 상환 기간도 고려된다.

③ 대출 승인을 받은 후 계약 체결 : 대출 승인이 나면, 은행과 대출 계약을 체결하게 된다. 이때, 대출 금액은 중도금이나 잔금에 상응하는 금액이 되며, 대출금 상환 방법과 이자율이 포함된 계약이 체결된다.

④ 대출 실행 및 납부 : 대출 실행이 이루어지면, 은행에서 대출금이 분양업체에 직접 지급된다. 이를 통해 중도금 및 잔금이 해결된다. 대출금은 매월 일정 금액을 상환하는 방식으로, 대출 기간 동안 원리금 상환이 이루어진다.

⑤ 담보 설정 : 대출을 받은 은행은 주택을 담보로 설정하고, 주택 등기부에 담보대출 등기를 하게 된다. 이로써 대출금이 완납되기 전까지 은행이 해당 주택에 대해 담보권을 가진다.

⑥ 담보대출 장점 : 중도금 및 잔금을 한 번에 해결할 수 있기 때문에 납부 부담이 줄어든다. 매월 일정 금액을 상환하는 구조로 안정적이다. 이자를 지불해야 하며, 대출 상환 기간 동안 경제적 부담이 있을 수 있다.

2) 세입자의 전세금으로 납부하는 방법

세입자의 전세금을 이용해 중도금과 잔금을 납부하는 방법은 주로 임대사업자가 자주 이용하는 방식이다. 전세 계약을 통해 세입자로부터 받은 전세금을 주택 구매자금으로 활용하는 방법이다.

① 세입자 확보 : 아파트를 구매하기 전에, 세입자와 전세 계약을 체결하여 전세금을 확보한다. 이때, 전세금은 주택 구매자의 자금 조달원이 된다.

② 전세금 납부 : 세입자가 납부한 전세금은 주택 구매자가 분양업체에 중도금과 잔금을 납부하는 자금으로 사용된다. 전세금을 계약서에 명시된 시점에 납부하며, 세입자의 전세 계약 기간 동안 일정한 기간을 두고 주택 소유자는 임대수익을 얻을 수 있다.

③ 전세금으로 잔금 납부 : 세입자의 전세금으로 잔금을 납부한 후, 일정 기간이 지나면 보증금 반환 등을 고려하여 후속 절차를 진행한다.

2. 보존등기 후 이전등기 방법

아파트를 분양받고 입주하기 위해서는 보존등기와 이전등기가 필요하다. 이는 소유권 이전 및 등기 절차에 관한 사항이다.

1) 보존등기란?

보존등기는 아파트 건물이 완공되었을 때, 아파트의 법적 소유권을 공식적으로 등록하는 절차이다. 건축물에 대해 법적으로 인정된 최초 등기로, 보통 준공 후 2~3개월 이내에 이루어진다. 보통 시행사가 보존등기를 하며 보존등기에 대한 취득세 3.16%(국민주택은 2.96%)를 부담한다.

2) 이전등기란?

이전등기는 보존등기 후 아파트를 구매자 명의로 소유권을 이전하는 절차이다. 이는 구매자의 소유권이 법적으로 인정되는 절차로, 잔금 지급 후 이루어진다. 수분양자는 이전등기하면서 분양가액과 국민주택 여부에 따라 1.1~3.5% 정도의 세금을 부담한다.

3) 등기 완료 : 소유권 이전이 완료되면, 새로운 등기부등본을 발급받을 수 있다. 이후 입주자는 자신이 소유한 아파트를 법적으로 인정받게 된다.

Ⅳ 일시적 2주택 비과세

1. 양도당시 2주택을 보유하고 있는 경우에도 1주택으로 보는 특례 규정 10가지가 있다.

1. 일시적 2주택 비과세 특례 [소득령 제155조 제1항] ① 종전주택을 취득한 날로부터 1년 이상 지난 후 신규주택을 취득할 것 ② 신규주택을 취득한 날로부터 3년 이내 종전주택을 양도할 것	종전주택
2. 상속주택으로 인한 비과세 특례 [소득령 제155조 제2항] ① 상속개시일 현재 일반주택을 소유하고 있을 것 ② 별도세대인 피상속인으로부터 주택을 상속받을 것 ③ 선순위상속주택에 해당할 것 ④ 일반주택을 상속주택보다 먼저 양도할 것	일반주택
3. 공동상속주택으로 인한 비과세 특례 [소득령 제155조 제3항] ① 별도세대인 피상속인으로부터 상속주택을 공동으로 취득할 것 ② 주된 상속인(공동상속주택 최대지분권자)에 해당하지 않을 것	

4. 동거봉양합가로 인한 비과세 특례 [소득령 제155조 제4항] ① 1주택을 소유한 자가 1주택을 소유한 직계존속과 합가할 것 ② 합가일 현재 직계존속 중 한 분의 나이가 60세 이상(중대 　질병 제외)일 것 ③ 합가일로부터 10년 이내 1주택을 양도할 것	선양도 일반주택
5. 혼인합가로 인한 비과세 특례 [소득령 제155조 제5항] ① 1주택을 소유한 자가 1주택을 소유한 자와 혼인할 것 ② 혼인일로부터 10년 이내 1주택을 양도할 것	
6. 문화재주택으로 인한 비과세 특례 [소득령 제155조 제6항]	
7. 농어촌주택으로 인한 비과세 특례 [소득령 제155조 제7항] ① 일반주택과 수도권 밖의 읍·면지역에 소재하는 농어촌주택 　(상속, 이농, 귀농주택)을 각각 1채씩 소유하고 있을 것 ② 일반주택을 농어촌주택보다 먼저 양도할 것 ※ 상속주택은 피상속인이 취득하여 5년 이상 거주한 주택	일반주택
8. 부득이한 사유로 취득한 수도권 외 소재 주택 [소득령 제155조 　제8항] ① 일반주택을 1채 소유한 상태에서 부득이한 사유로 수도권 　밖에 소재하는 주택을 취득할 것 ② 세대원이 수도권 밖에 소재한 주택으로 주거를 이전할 것 ③ 부득이한 사유가 해소된 날부터 3년 이내에 일반주택을 먼저 　양도할 것	
9. 수도권 소재 법인(공공기관)이 수도권 밖으로 이전하는 경우 　[소득령 제155조 제16항] ① 법인의 임원 및 사용인, 공공기관 종사자일 것 ② 법인 또는 공공기관이 이전한 시·군(연접지역 포함) 내 주택 　취득 ③ 신규주택을 취득한 날로부터 5년 이내 종전주택을 양도할 것	종전주택
10. 임대주택 또는 어린이집으로 인한 거주주택 비과세 특례 　[소득령 제155조 제20항] ① 장기임대주택은 지자체 및 세무서에 임대주택으로 등록할 것 ② 장기임대주택은 법 소정 요건(가액, 5% 증액제한 요건 등)을 　충족할 것 ③ 양도일 현재 2년 이상 거주한 주택을 양도할 것	거주주택

2. 보유요건

해당 주택 취득일부터 양도일까지 2년 이상 보유하여야 한다. ①
2021.1.1. 이후 양도분부터 최종 1주택만 보유하게 된 날부터 보
유기간 기산하고, ② 2022.5.10. 이후 양도분부터 해당 주택 취득
일부터 보유기간 기산한다.

3. 거주요건

2017.8.3. 이후 조정지역에 소재한 주택을 취득시 2년 이상 거주
요건 충족하여야 한다. 이때 ① 조정대상지역 공고일 이전에 매매
계약(주택·분양권·조합원입주권 등)을 체결하고, ② 계약금을 지급
한 사실이 증빙서류에 의하여 확인되며, ③ 계약금 지급일 현재 무
주택 세대인 경우에는 조정대상지역 지정 전 계약으로 거주요건을
충족하지 않아도 된다.

그리고 아래의 2가지는 거주요건을 충족하지 않아도 된다.

1. 상생임대주택 특례 ① 직전임대차계약의 임대기간이 1년 6개월 이상일 것 ② 상생임대차계약의 임대기간이 2년 이상일 것 ③ 직전임대차계약 대비 임대료 등 증가율이 5% 이내일 것 ④ 2021.12.20.~2026.12.31. 사이에 임대차계약을 체결할 것 ⑤ 직전임대차계약과 상생임대차계약의 임대인이 동일인일 것	상생임대 주택
2. 주택임대사업자 특례 ① 임대유형 : 단기&장기임대 주택 ② 임대기간 : 4년 이상, 8년 이상 임대 ③ 증액제한 : 임대료(임대보증금) 증액율 5% 이내 　　2019.2.12. 이후 임대차 갱신 및 새로 체결하는 분부터 적용 ④ 등록요건 : 2019.12.16.까지 지방자치단체 + 세무서	주택임대 사업자

4. 보유기간 및 거주기간에 대한 특례 : 기한의 제한 없이 비과세 가능 5가지 양도일 현재 1주택(일시적 2주택)일 것

1. 건설임대주택 등에 대한 특례 ① 민간·공공건설·공공매입임대주택(2022.2.15. 이후 　양도하는 분)에 해당할 것 ② 건설임대주택 등의 임차일부터 양도일까지 기간 중 세대원 　전원이 5년 이상 거주할 것	일시적 2주택 적용가능
2. 협의매수·수용시 특례 ① 사업인정고시일 전에 취득한 주택일 것 ② 「공익사업을 위한 법률」에 의한 협의매수·수용될 것 　* 수용일부터 5년 이내 양도하는 잔존주택 및 부수토지 포함	
3. 부득이한 사유발생으로 인한 특례 ① 세대원 전원이 1년 이상 거주한 주택일 것 ② 부득이한 사유(취학·근무·질병·전학)가 발생할 것 ③ 세대전원이 다른 시·군으로 주거를 이전할 것	
4. 해외이주로 인한 세대전원 출국시 특례 ① 해외이주로 인해 세대원 전원이 출국할 것 ② 출국일 현재 1주택일 것 ③ 출국일로부터 2년 이내 양도할 것	일시적 2주택 적용배제
5. 취학 또는 근무상 형편으로 인한 세대전원 출국시 특례 ① 취학 또는 근무상 형편으로 세대전원이 출국할 것 ② 출국일 현재 1주택일 것 ③ 출국일로부터 2년 이내 양도할 것	

5. 1주택자에 대한 조세특례

1) 단기양도 중과세율

1주택자라도 단기양도하는 경우 중과세가 적용된다.
① 1년 미만 : 70% (2021년 6월 1일 이전에는 40%)
② 2년 미만 : 60% (2021년 6월 1일 이전에는 기본세율)

2) 12억 원 이하분 양도차익 비과세

주택 및 이에 딸린 토지의 양도 당시 실지거래가액의 합계액이 12억 원 이하인 주택은 보유기간이 2년 이상(취득당시 조정대상지역의 경우 그 보유기간 중 거주기간 2년 이상)인 경우 양도소득세를 비과세한다.

3) 장기보유특별공제

보유기간이 3년 이상인 경우 장기보유특별공제(1년에 2%, 최대 15년, 30% 한도)를 적용한다. 다만, 1세대가 양도일 현재 국내에 1주택(2주택 비과세 특례 포함)을 3년 이상 보유하고 보유기간 중 거주기간이 2년 이상인 경우 보유기간별 공제율(4%, 최대 10년, 40% 한도)과 거주기간별 공제율(4%, 최대 10년, 40% 한도)을 합산한 금액을 적용할 수 있다.

□ 일반 공제율 (보유기간 3년 이상)

보유기간	공제율	보유기간	공제율
3년 이상	6%	10년 이상	20%
4년 이상	8%	11년 이상	22%
5년 이상	10%	12년 이상	24%
6년 이상	12%	13년 이상	26%
7년 이상	14%	14년 이상	28%
8년 이상	16%	15년 이상	30%
9년 이상	18%		

□ 특례 공제율 (보유기간 3년 이상 + 거주기간 2년 이상)

보유기간	공제율	거주기간	공제율
		2년 이상	8%
3년 이상	12%	3년 이상	12%
4년 이상	16%	4년 이상	16%
5년 이상	20%	5년 이상	20%
6년 이상	24%	6년 이상	24%
7년 이상	28%	7년 이상	28%
8년 이상	32%	8년 이상	32%
9년 이상	36%	9년 이상	36%
10년 이상	40%	10년 이상	40%

Ⅴ 아파트를 양도하다. 중개사를 만나다.

아파트 양도 시 중개사(부동산 중개업자)는 단순히 양수인을 찾아주는 것 이상의 다양한 역할을 맡는다.

1. 매수자의 자금출처조사

부동산 매매와 자금출처조사는 밀접한 관계가 있다. 부동산 매매 시 자금출처조사는 매수자가 부동산을 구매할 때 사용한 자금의 출처를 확인하는 과정이다. 이는 불법적인 자금 이동, 탈세, 자금 세탁 등을 방지하기 위해 이루어진다. 자금출처조사는 주로 국세청과 한국부동산원에서 수행하며, 매수자가 제출한 자금조달계획서와 실제 자금 집행 내역을 검토하여 거래의 적법성을 확인한다.

2. 중개사의 실거래가 신고

공인중개사가 실거래가를 신고하는 것과 조사대상자 선정은 관련이 있다. 부동산 거래 시 공인중개사는 거래계약서를 작성하고 실거래가를 신고해야 한다. 이 신고된 실거래가는 관할 지자체나 한국부동산원에서 검토되며, 거래의 적정성을 확인하기 위해 소명자료 제출을 요구할 수 있다. 만약 소명자료가 불충분하거나 의심스러운 경우, 해당 거래는 세무조사 대상이 될 수 있다. 이때 거래금액이 20억 원을 초과하는 지는 중요한 기준이 된다. 만일 거래금액이 10억 원인 아파트를 공동명의로 매입하면서, 중개사가 실거래가 신고시 각자 10억 원이라고 기재해 버린다면 조사대상자로 선정될 수 있다.

실거래가 신고, 자금출처조사

1. 실거래가 신고

   실거래가 신고는 부동산 거래 시 매매가격, 계약일, 거래당사자 등의 거래 내용을 국토교통부 실거래가 시스템에 신고하는 의무이다. 이는 부동산 거래 가격의 투명성을 높이고, 부동산 시장의 안정성을 유지하기 위한 제도이다.

2. 매도자 및 양수인은 부동산 거래 후 60일 이내에 실거래가를 신고해야 한다.
   - 신고 대상 : 아파트, 상가, 토지 등 대부분의 부동산 거래에 해당된다.
   - 신고 방법 : 온라인으로 국토교통부 실거래가 시스템에 직접 신고하거나, 부동산 중개사를 통해 신고할 수 있다.

3. 위반시 제재

   실거래가 신고를 하지 않거나 허위 신고를 하는 경우 과태료가 부과될 수 있다. 예를 들어, 허위 신고 시 최대 500만 원의 과태료가 부과될 수 있다.

4. 취득자금 소명

   취득자금 소명은 부동산을 취득할 때 자금을 어디서 마련했는지에 대한 증빙을 요구하는 절차이다. 특히, 고액의 부동산 거래가 이루어질 때 자금출처를 투명하게 증명해야 하는데, 이는 불법 자금 세탁 방지 및 탈세 방지를 위한 장치이다. 일정 금액 이상의 부동산을 구입하는 경우(보통 3억 원 이상) 자금출처에 대해 소명할 의무가 있다.

5. 자금출처조사

자금출처조사란 재산 취득, 채무의 상환 등에 소요된 자금의 원천이 직업·연령·소득 및 재산상태 등으로 봐 본인의 자금능력에 의한 것이라고 인정하기 어려운 경우 그 자금의 출처를 밝혀 증여세 등의 탈루여부를 확인하기 위해 행하는 세무조사를 말한다.

1) 국토교통부의 자금조달계획서, 국세청의 신고소득 및 신용카드 사용액 등의 내부자료, 금융정보분석원(FIU)의 금융자료 등을 분석해 세금탈루 혐의자를 도출하는 방식으로 조사대상을 확대하고 있다. 특히, 관할 지자체 또는 한국감정원으로부터 "부동산 거래신고에 따른 관련자료 제출 요청"을 받은 경우 해당 소명이 적절하게 이루어지지 못한다면 세무조사로 이어질 수 있다.

2) 재산취득자금 등의 증여추정

자금출처조사 시 입증하지 못한 금액이 취득재산의 가액 또는 채무의 상환금액의 100분의 20에 상당하는 금액과 2억 원 중 적은 금액에 미달하는 경우에는 증여추정을 제외한다.

다만, 이 경우에도 해당 금액이 증여에 해당한다는 입증책임이 과세관청으로 바뀐다는 것일 뿐 실제 증여받은 사실을 과세관청이 입증하는 경우까지 증여세가 면제되는 것은 아니며, 최근에는 PCI 분석시스템을 통해 국세청이 증여나 소득 탈루여부를 구체적으로 파악하고 있기 때문에 취득자금의 80%를 소명한 경우에도 쉽게 조사가 종결되지 않는 추세이다.

3) 재산취득자금 등의 증여추정 배제기준

구분	주택취득	기타재산취득	채무상환	총액한도
30세 미만	5천만 원	5천만 원	5천만 원	1억 원
30세 이상	1.5억 원	5천만 원	5천만 원	2억 원
40세 이상	3억 원	1억 원	5천만 원	4억 원

현실적으로 국세청에서 모든 혐의자를 대상으로 자금출처조사를 할 수는 없기 때문에 행정 편의상 일정한 배제기준을 두고 있는 것이다.

제2절
재건축아파트로 이사하다.

I 관리처분계획? 시공사 선정?

재건축을 노리고 구축 아파트로 이사하는 경우, 몇 가지 중요한 사항을 고려해야 한다. 무엇보다 재건축 진행 상황을 확인하여야 한다. 도시정비사업은 10년이 짧다고 하는 사업이므로 들어가는 시점이 무엇보다 중요하기 때문이다. 이때 빨리 들어가면 저렴하겠지만, 불확성이 높고, 늦게 들어가면 프리미엄이 높다는 단점이 있다. 결국 유불리를 따져서 관리처분계획 인가 전에 들어가는 것이 포인트라고 하겠다. 이후에 들어가면 아파트를 사는 것이 아니라 입주권을 사는 것이므로 1세대 1주택 비과세나 장기보유특별공제에서 불리한 점이 생겨서 수익성이 크게 하락하기 때문이다.

1. 재건축사업 절차

재건축사업은 도시 및 주거환경정비법에 따라 진행되는 정비사업으로, 크게 안전진단 → 구역지정 → 추진위 구성 → 조합 설립 → 사업시행인가 → 관리처분인가 → 이주 및 철거 → 착공 및 준공의 절차로 진행된다. 따라서 사업시행인가 즈음부터 관리처분인가 전에 어떤 신호가 중요하다고 할 것이다.

2. 신탁사, 시공사, 대주단의 선정

1) 신탁사 방식 적용 여부 (선택사항)

최근 신탁사를 활용한 재개발 방식도 증가하고 있다. 신탁 방식은 조합 대신 신탁사(부동산신탁회사)가 사업을 주도하는 형태로 진행된다. 재건축사업에서 신탁사를 선정하는 것은 자금 관리, 사업 관리 및 투명성 확보를 목적으로 한다. 또한, 신탁사는 사업 계획 수립, 인·허가 절차 진행, 이주 및 철거, 시공사 선정 등 재건축사업의 전반적인 관리 역할을 수행한다.

2) 시공사 선정

조합이 시공사를 선정하여 공사를 진행할 건설사를 결정한다. 일반경쟁입찰 방식이 원칙이지만, 조합원 동의를 얻어 수의계약 방식도 가능하다. 사업시행인가 전후에 선정되는 경우가 있으며, 이는 시공사가 재건축사업의 안정성을 확인했다는 것을 의미한다.

3) PF(프로젝트 파이낸싱) 기표

사업비 조달을 위해 PF 대출을 실행(PF 기표)한다. PF 대출의 조건사업은 안정성, 시공사의 지급보증 여부, 금융기관의 승인이다. 이는 금융회사가 재건축사업의 안정성을 확인했다는 것을 의미한다. PF 기표가 완료되면 본격적인 사업비 집행이 가능해진다.

Ⅱ 입주권? 상가는?

　재건축 조합원으로서 관리처분 인가 후 입주권을 받게 되면, 이는 주택 수에 영향을 미칠 수 있다. 입주권은 재건축 사업에서 분양되는 새로운 아파트에 대한 권리로, 조합원입주권은 2006년 취득분부터 주택 수에 포함된다.

1. 환지이론과 재건축 입주권

　환지이론은 도시정비사업에서 종전 토지 또는 건축물을 새로운 필지나 건축물로 교환하는 방식을 설명하는 개념이다. 이는 재개발 사업에서 주로 적용되는 개념이지만, 재건축 사업에서도 입체환지라는 유사한 논리가 적용된다.

　환지이론에 따르면, 종전의 부동산(구 아파트)의 권리가 새로운 부동산(새 아파트)으로 이전되는 과정에서 소유자 간 형평성을 고려하여 조정이 이루어진다. 재건축사업에서도 기존 건축물 소유자는 기존 권리를 포기하고, 그 대가로 새롭게 건설되는 아파트에 대한 권리를 취득하는데, 이 과정에서 발생하는 권리가 바로 재건축 입주권이다.

2. 관리처분계획인가와 재건축 입주권

　관리처분계획은 재건축 사업의 구체적인 분양계획 및 권리 변동을 확정하는 행정처분으로서, 관리처분계획인가가 고시되면 기존 소유자들에게 새로운 아파트를 받을 권리(입주권)가 확정된다. 즉, 관리처분계획인가를 기준으로 기존 건축물의 법률적 권리가 소멸하고, 입주권이 형성되는 것으로 볼 수 있다.

3. 상가도 입주권을 받을 수 있는 지?

재건축 단지 내 상가를 소유한 분이 아파트 입주권을 받을 수 있는지에 대한 여부는 여러 가지 분쟁의 소지가 있었다. 최근 법원 판례와 관련 법령을 종합해보면, 상가 소유자가 아파트 입주권을 받기 위해서는 다음과 같은 요건을 충족해야 한다.

1) **정관의 비율 설정** : 도시 및 주거환경정비법 시행령 제63조 제2항에 따르면, 상가 소유자가 아파트를 분양받기 위해서는 기존 상가의 평가액에 '정관에서 정하는 비율'을 곱한 금액이 신축 아파트의 최소 분양 단위 금액보다 커야 한다. 만약 정관에서 이 비율을 1보다 낮게 설정하면, 상가 소유자가 아파트 입주권을 받을 수 있는 가능성이 높아진다. 그러나 이러한 정관 개정에는 조합원 전원의 동의가 필요하다는 최근 판결이 있었다.

2) **상가 건설 여부** : 재건축 사업에서 상가를 신축하지 않는 경우, 상가 소유자에게 아파트를 공급할 수 있는 예외가 인정된다. 하지만 이 경우에도 상가 소유자의 기존 상가 평가액이 신축 아파트의 최소 분양 단위 금액 이상이어야 한다.

3) 조합원 전원 동의 : 상가 소유자에게 아파트 입주권을 부여하기 위해서는 조합원 전원의 동의가 필요하다는 법원 판결이 있었다. 이는 상가 소유자에게 아파트 입주권을 부여하는 것이 다른 조합원들의 권익에 영향을 미칠 수 있기 때문이다.

따라서, 상가 소유자가 아파트 입주권을 받기 위해서는 조합 정관의 비율 설정, 상가 건설 계획, 그리고 조합원들의 동의 여부 등을 고려해야 한다.

Ⅲ 과세예고 통지? 이유와 방법

김자영은 당황했다. 분명 주택 하나를 팔고 다른 주택 하나를 취득했다. 분명 2주택인 적이 없었다. 그런데 잔금일 30일 정도 중첩되었다고 양도시점에는 2주택자라는 것이다. 세무서에서 김자영이 2주택자이니 비과세를 적용할 수 없다고 공문을 보낸 것이다.

세법이 너무한 감이 있다. 그러나 세법이 잘못되었다고 주장해서는 안된다. 세무사는 이 이유를 자세하게 설명해 주었다.

1) 조세불복은 행정소송의 일종이다.

행정소송은 과세관청이 한 행위("처분"이라 함)를 다투는 것이다. 행정청은 법대로 처리를 하여야 한다. 법이 잘못되었더라도 또한 같다. 입법의 권한은 행정청의 권한이 아니다.

법이 잘못되었다고 다투는 자리는 헌법재판소나 광화문광장이다. 행정소송은 법을 다투는 자리가 아니다. 소송은 보통 1심, 2심, 3심 등 법원에서 하는 것을 말하고 행정소송 전에 행정심판이 있는데 조세불복은 행정심판에 해당한다.

2) 세무공무원은 무고한 근로자

세무공무원이 납세자를 미워해서 과세하는 것이 아니다. 그들도 근로자이고 위에서 점검지시가 내려오면, 하기 싫어도 해야 한다. 무엇보다 세무공무원은 재량권이 없다. 세금을 깎아 줄 수 있는 권한이 없다. 그러나 납세의무자의 합리적인 주장을 받아들일 마음의 문은 열려있다. 절대 미워해서 추징하는 것이 아니다. 자의든 타의든 세금을 내는 사람은 애국자이지 범죄자가 아니다.

3) 세무의 언어로 대화하자.

세무공무원은 절차에 따라서 납세자의 권리를 구제해야 하고 납세자가 정당하다 하더라도 절차없이 구제할 수는 없다. 절차란 서면으로 이루어져야 한다. 우리나라의 세무행정은 합리적이고 훌륭하다. 납세자를 보호하는 다양한 장치가 있고, 해당 장치는 잘 작동하고 있다. 번거롭고 가슴 졸이더라도 절차를 지켜야 한다.

4) 세무는 진리를 추구하지 않는다.

납세자는 과세예고통지만 가지고도 매우 마음이 불편하다. 더군다나 양도세처럼 거래금액이 큰 것에 대한 과세예고통지라면 세금도 클 것이다. 와이프에게 미안해지고, 무식해서 죄송하다는 자책도 든다. 다만, 세법은 자연과학이 아니라 사회과학이다. 받아들여질 수 있는 방법으로 소명을 하고, 과정에서 드는 비용을 지불하면서 진행해 나가는 것이 옳다. 세금대신 세무사비용이 들 수도 있지만 이것이 사례와 선례를 남기는 사회과학의 방법이다. 아무도 내일을 대신해 주지 않고, 내 일을 처리하기 위해서는 결국 내가 시간과 돈을 부담하여야 한다.

Ⅳ 과세전적부심, 심판청구, 행정소송

불복이란 행정관청의 처분을 다투는 행위이다. 법이 잘못되었다고 다투는 것이 아니다. 법이 부당하다고 다투는 것은 세무공무원이 부당한 법을 잘 적용하였다고 이야기하는 것과 다를 바가 없다. 법이 잘못된 것은 행정부가 관여할 바가 아니기 때문이다.

과세예고통지 후의 불복절차에는 과세전적부심사도 중요한 절차이다. 이를 포함한 불복 절차는 아래와 같다.

1. 과세전적부심사

1) **기한** : 과세예고통지를 받은 날로부터 30일 이내에 신청할 수
   있다.

2) **절차** : 과세당국이 납세자에게 과세를 예고하고, 납세자가 그
   과세의 내용에 대해 불복을 제기하고자 할 때 과세전적부심사
   를 요청할 수 있다.

3) **과세전적부심사**는 과세 예고 단계에서 세액이나 과세 내용이
   불합리하거나 과도하다고 판단될 때 이를 미리 조정받을 수 있
   는 기회이다. 이 절차를 통해 세액의 부당함을 입증하고, 과세
   가 확정되기 전에 조정 또는 취소를 요청할 수 있다.

2. 이의신청

1) **기한** : 과세예고통지 후 30일 이내 (과세전적부심사 후에도 가능)

2) **절차** : 과세예고통지에 대해 세무서에 이의신청을 할 수 있다.
   이의신청은 과세당국의 세액에 대해 잘못된 부분을 수정하도
   록 요청하는 절차이다.

3) 이의신청이 접수되면 세무서가 재검토하여 결과를 통지한다.

3. 심판청구 (또는 심사청구)

1) **기한** : 이의신청 결과에 불복할 경우, 90일 이내에 조세심판원

에 심판청구(또는 감사원에 심사청구)를 할 수 있다.

2) 절차 : 국세청에 대해 심사청구를 제기하며, 과세당국의 결정을 다시 검토하여 세액에 대한 추가 심사를 요청하는 절차이다.

4. 행정소송

1) 기한 : 심사청구 결과에 불복이 있을 경우, 90일 이내에 행정소송을 제기할 수 있다.

2) 절차 : 법원에 소송을 제기하여 최종적으로 법원의 판결을 받는 단계이다.

3) 3심이 대법원이고 심급제원칙에 따라 3번 다툴 수 있다.

5. 주의사항

1) 과세전적부심사는 과세가 확정되기 전, 세액이 잘못된 부분에 대해 미리 조정받을 수 있는 중요한 절차이다.

2) 세액 납부는 불복절차가 끝날 때까지 변경되지 않으므로, 납세자는 그 시점에 세금을 납부해야 한다.

3) 불복절차에서 결과가 긍정적으로 나올 경우, 세액이 조정되거나 취소될 수 있으며, 결과가 부정적일 경우 다음 단계를 진행할 수 있다.

제3절 상가투자를 하다.

I 사업용자산? 감가상각?

1. 상가의 위험성

주변에서 "신축상가는 원수에게 권한다."고 할 정도로 위험하다. 불확실성이 매우 크기 때문이다. 따라서 신축하는 상가보다는 어느 정도 가격이 형성된 구축상가를 찾는 것이 현명할 수 있다. 그러나 구축상가라 하더라도 아파트보다는 훨씬 위험한 투자이므로 고민과 지식이 필요하다.

상가 투자가 위험하다고 말하는 이유는 여러 가지가 있으며, 그 중 몇 가지를 살펴본다.

1) 공실 위험

상가는 임대료 수익을 목적으로 투자하는 경우가 많다. 그러나 임차인이 없으면 임대료를 받을 수 없고 공실 상태로 남게 된다. 공실이 장기화되면 수익을 전혀 얻지 못할 수 있다. 상가는 상권에 크게 의존한다. 상권이 변화하거나 쇠퇴하면 그 지역의 상가는 가치가 하락할 수 있다. 예를 들어, 대형 쇼핑몰이나 온라인 쇼핑의 확산, 지하철 노선 변경 등으로 인한 상권 이동이 발생할 수 있다.

2) 유지보수 및 관리비 부담

상가는 건물의 관리비와 유지보수 비용이 많이 발생한다. 이 비용들은 수익을 갉아먹을 수 있으며, 예상보다 많은 유지보수 비용이 발생할 수도 있다. 예를 들어, 전기 설비나 배관 문제 등 큰 수리 비용이 드는 상황이 생길 수 있다.

3) 임대료 인상 및 계약 문제

상가는 임대계약이 중요한데, 임대료 인상이 과도하게 일어나면 임차인이 이탈할 수 있다. 또한, 임대료를 낮추면 상가 가격이 떨어지는 직접적인 이유가 된다. 그리고 상가 가격은 담보대출의 기준이 되는 금액이므로 공실이 발생해도 임대료를 낮추기가 어렵다.

4) 자금 회수의 어려움

상가는 아파트보다 보편성이나 융통성이 떨어지는 특수한 물건이므로 유동성이 낮다. 매도하려고 해도 빠르게 팔리지 않거나 가격 하락을 감수해야 할 수 있다. 상가는 다주택자 규제나 상가 특유의 거래 시장이 영향을 미치기도 하며, 매도 시점에서 가격이 하락할 수도 있다.

5) 세금 부담

주택은 비과세의 특례가 있다. 이는 거주이전의 자유를 보장하기 위한 장치이다. 비교하여 상가는 이런 목적이 없으므로 항상 과세된다. 따라서 세후 수익성은 주택보다 낮다. 따라서 첫 번째가 주택이고, 주택이 있으면 월세수입이 필요하면 상가를 고민하는 것이 좋다.

2. 임대사업자 등록 및 사업용자산

1) 임대사업자의 사업장소재지는 임대물건소재지

임대사업은 과세사업으로 사업자등록을 하여야 한다. 이때 임대물건소재지가 아닌 곳으로 사업자등록하는 경우 부가가치세를 환급받지 못하는 어려움이 있을 수 있다. 분양가 건물분의 10%에 해당하는 금액으로 불공제의 리스크가 작지 않으므로 반드시 주의하여 사업자등록하여야 한다.

2) 사업용자산

상가를 직접 사용하던, 다른 사람에게 임차를 주던 사업용으로 사용하면 장부에 사업용자산으로 올리게 된다. 이 뜻은 아래의 사건이 저절로 따라온다는 의미이다.

① 양도소득으로 과세되지 않으면 사업소득 과세된다.

② 감각상각여부를 결정하여 사업소득과 양도소득을 조절할 수 있다.

③ 처분시 세금계산서 발행의무 및 부가가치세 납부의무가 있다.

3. 감가상각은 선택

감가상각비란 자산가격을 비용으로 전환하는 과정이다. 예를 들어 1,000원 짜리 건물을 10년 동안 사용한다면 매년 100원씩 비용으로 처리할 수 있는 것이다. 상가를 투자하여 임대하는 경우, 감가상각비를 비용으로 처리할 수 있다. 다만, 감가상각을 비용으로 처리할 때와 양도 시 취득가액을 높게 유지하는 것 중 유불리를 따져 고려하여야 한다.

1) 감가상각비를 비용으로 처리하는 경우

상가를 임대 목적으로 보유할 경우, 감가상각을 통해 비용을 공제할 수 있다.

감가상각비는 임대소득에 대한 과세를 줄이는 데 도움이 된다. 상가의 취득가액에서 매년 일정 부분을 비용으로 처리하므로, 그만큼 세금을 절감할 수 있다. 따라서 임대소득이 높거나 다른 소득이 높다면 감가상각비를 비용처리하는 것이 유리하다.

2) 양도 시 취득가액을 높게 유지하는 경우

감가상각비를 매년 비용으로 처리하지 않고, 이를 취득가액에 포함시켜 양도 시 취득가액을 높게 유지하는 방법도 있다. 양도소득세는 양도차익에 대해 부과되므로, 취득가액이 높을수록 양도차익이 줄어든다. 즉, 감가상각을 하지 않으면 취득가액이 높게 유지되어 나중에 양도소득세를 절감할 수 있다. 따라서 가치상승이 큰 부동산은 감가상각을 생략하여 양도차익을 줄이는 판단이 필요하다.

3) 어느 쪽이 더 합리적인가?

두 가지 전략에는 장·단점이 있으며, 선택은 개인적인 세무 계획에 따라 달라질 수 있다. 단적으로 양도차익이 클 것으로 예상되는 경우 단기적으로 유동성을 희생하더라도 감가상각 하지 않는 것이 유리하다. 종합적으로, 두 전략을 적절히 혼합하여 사용하는 것도 가능하며, 향후 계획을 고려해 세무 전문가와 상담을 통해 최적의 전략을 세우는 것이 좋다.

Ⅱ 법인투자? 개인투자?

자산을 개인명의로 취득할지 법인명의로 취득할지에 대해서는 정해진 방법이 없고 적절한 고민이 필요하다. 기본적으로 개인의 소득세는 법인의 법인세보다 훨씬 높다.

1. 주택은 개인으로 취득하자.

주택을 개인으로 취득하면 양도시 다주택자 중과세가 될 가능성이 크다. 그러나 이는 양도시의 문제이며 당장의 문제는 아니다. 반면 법인으로 취득하면 취득세가 12%로 3배 중과된다. 보유세가

5%(3주택 이상)로 취득 후 몇 년만 보유하면 집이 없어질 판이다. 업무무관자산이 되면 유지관리비용도 손금으로 인정받을 수 없고, 자금조달과정에 발생한 이자비용도 인정받을 수 없다. 또한 해당 주택을 양도할 때 법인세 이외에 20%에 해당하는 추가법인세도 납부하여야 한다. 따라서 몇몇 특례 등 예외적인 경우(법인이 시행자가 되어서 아파트를 신축하여 임대하는 경우)를 제외하고 법인은 주택을 보유하지 않는 것이 좋다고 하겠다.

2. 법인의 본점용 부동산은 임차하자.

신설법인이 5년 내에 부동산을 취득하거나, 본점용 부동산을 취득하면 중과세를 적용받게 된다. 이를 수도권과밀억제권역 법인의 취득세 중과라고 한다. 법인에 대한 중과이므로 개인은 적용대상이 아니다. 따라서 법인의 본점용 부동산은 개인이 취득하고 4.6%의 취득세만 납부하고, 법인에게 임차하여 매월 따박 따박 임대료를 받는 것이 현명할 수 있다. 법인이 만들면 법인으로부터 자금을 인출하는 방법(급여, 퇴직금, 배당)을 강구하게 되는데 적정한 임대료로 인출하는 것이 더 현명하다고 하겠다.

3. 부동산이 많은 법인은 지분을 이전하기 어렵다.

부동산을 취득하면 취득세가 나온다. 주식을 취득하면 취득세가 없다. 그러나 부동산을 많이 가지고 있는 법인의 주식을 취득하면 취득세가 나온다. 법인이 보유한 부동산 전체에 대한 지분율에 해당하는 취득세이므로 금액이 매우 크다고 짐작할 수 있다. 따라서 부동산과다법인의 지분은 이동하기가 어려워진다. 이를 간주취득이라고 한다. 따라서 주식을 50%를 초과하여 취득하는 경우에는 간주취득을 검토하여야 한다.

4. 개발사업용 토지는 잔금일 전에 법인으로 이전하자.

개발사업은 100억 원 이상의 소득을 노리고 하는 사업으로 개인의 소득세율로는 사업성을 감당할 수 없다. 또한 개인은 개발사업 관련 대출의 차주가 될 수 없다. 따라서 개발사업의 주체는 법인이 되어야 하고 토지매매계약 당시에는 법인설립 전으로 개인이 계약한다고 하더라도 잔금일 전에는 매수자의 지위이전 등을 통하여 법인이 취득세를 납부하도록 하여야 한다.

5. 부동산매매업을 사업으로 하면

양도소득세와 별개로 부동산매매업을 사업으로 할 수도 있다. 이때 소득이 양도소득인지 사업소득인지에 따라 세부담이 달라진다. 양도세는 종합합산하지 않으므로 누진세에서 유리하지만, 다양한 필요경비를 인정하지 않고 중과세가 적용되면 불리하다. 다음 주제로 살펴보기로 한다.

Ⅲ 부동산매매업자는 양도소득세? 사업소득세?

부동산을 사업적으로 사고파는 경우 매매일이 속하는 달의 말일부터 2개월이 되는 날까지 예정신고 및 납부를 하여야 하며, 종합소득세 확정신고시 사업소득으로 신고·납부함으로써 통상 양도소득세에 비하여 납부할 세금이 적다. 참고로 비주거용건물을 일괄도급하여 신축 후 분양하는 개인도 부동산매매업자에 포함한다.

부동산매매를 사업으로 하는 경우 양도소득세가 아닌 부동산매매업에 해당하게 되며, 이 경우 부동산의 양도로 인한 소득을 다른 종합소득과 합산하여 종합소득세를 신고하여야 한다.

1. 사업소득과 양도소득 중 큰 금액으로 과세

부동산매매업자는 종합소득세 확정신고시 사업소득으로 신고·납부함으로써 통상 양도소득세에 비하여 납부할 세금이 적다. 그러나 과세기간 중 비사업용토지, 조정대상지역 내 중과세대상 주택(2022.5.10.부터 2025.5.9. 기간 중 양도하는 경우 한시적으로 중과세 배제), 분양권, 미등기양도자산 등의 양도가 있는 경우 비교과세에 의하여 사업소득에 대한 종합소득세로 계산한 산출세액과 양도한 자산별로 양도소득으로 계산한 금액의 합계액 중 큰 금액을 신고 및 납부하여야 한다.

2. 부동산매매업자의 예정신고의무 및 가산세

부동산을 사업적으로 사고파는 경우 매매일이 속하는 달의 말일부터 2개월이 되는 날까지 예정신고 및 납부를 하여야 한다. 이때 양도세 방식으로 예정신고 납부세액을 산출하는 바 생각보다 큰 금액을 미리 납부하고 확정신고시(다음연도 5월)에 돌려받게 된다. 이와 같은 예정신고제도는 다른 사업자에게는 없는 부동산매매업자에게만 적용되는 특수한 제도이다.

① 양도소득 계산방식에 의한 필요경비는 「소득세법」 제97조(양도소득의 필요경비 계산)를 준용하여 계산한 필요경비를 공제하므로 자본적 지출 이외에 일반경비(급여, 복리후생비, 이자비용 등)는 필요경비에 산입하지 않는다.

② 토지등 매매차익예정신고시 장기보유특별공제액을 공제받을 수 있다.

③ 예정신고를 누락해도 무신고가산세 및 납부불성실 가산세가 부과된다.

3. 건물분 부가가치세 납부

부동산매매업자는 부가가치세 과세대상 부동산(상가건물, 국민주택 규모 초과 주택등)을 양도하는 경우 부가가치세 10%를 별도로 신고·납부하여야 한다.

부동산매매업이란 한국표준산업분류에 따른 비주거용 건물건설업(건물을 자영건설하여 판매하는 경우만 해당)과 부동산개발 및 공급업을 말한다. 다만, 한국표준산업분류에 따른 주거용 건물개발 및 공급업은 제외하되, 구입한 주거용 건물을 재판매하는 경우에는 부동산매매업에 해당한다. 그러나 이러한 산업분류 및 사업자등록과 상관없이 사업상의 목적으로 1과세기간(부가가치세 과세기간 1월 ~ 6월, 7월 ~ 12월)에 1회 이상 부동산을 취득하고 2회 이상 판매하는 경우와 과세기간별 취득 횟수에 관계없이 부동산의 규모, 횟수, 형태 등에 비추어 사업활동으로 볼 수 있을 정도의 계속성과 반복성이 있는 때에는 부동산매매업에 해당한다. 따라서 부동산매매업으로 사업자등록을 한 경우 부동산매매업에 해당하며, 사업자등록을 하지 아니하였더라도 부동산거래의 규모, 횟수 등에 비추어 사업활동으로 볼 수 있을 정도의 계속성, 반복성이 있는 형태를 가질 때 과세당국은 사업자로 간주한다.

부동산매매업자(개인) 요약

① 비사업용토지, 미등기자산 또는 조정대상지역 내 중과세주택의 경우 비교과세되므로 양도소득세보다 좋을 것이 없다.

② 2년 미만 단기 매매시 양도소득세 세율이 아닌 기본세율(6~45%)이 적용되므로 양도소득세에 비하여 세율이 낮다.

③ 양도소득세에 비하여 인정되는 필요경비 범위가 넓어진다. 싱크대 교체비용, 도배, 이자비용, 인건비 등은 양도소득 필요경비에 해당하지 아니하지만, 부동산매매업은 필요경비에 산입할 수 있다.

④ 사업소득의 경우 결손금은 15년간 이월공제 된다. 부동산매매업에서 발생한 결손금은 사업소득에 해당하므로 다음 연도 이후 15년간 발

생하는 소득에서 공제받을 수 있다.

⑤ 부동산매매업에서 발생한 손실은 다른 소득에서 공제받을 수 있다. 양도소득은 다른 소득과 합산대상이 아니나 부동산매매업의 경우 다른 사업소득과 합산할 수 있으므로 손실이 발생한 경우 사업소득, 근로소득 등에서 차감하게 되므로 납부할 세금이 줄어든다.

꼭지로 짚은 자영업 세무원리

제 **3** 장

법인의
사업소득

제1절 법인으로 전환하다.

I 법인전환은 어떻게?

1. 법인전환을 고민하는 이유

개인사업자가 법인으로 전환을 고려하는 이유는 여러 가지가 있겠으나 주로 세금이다. 특히 성실신고 대상에 해당되는 사업자라면 법인전환을 통해 세무 관리의 효율성을 높이고, 세금 혜택을 받을 수 있는 방법이 될 수 있다.

1) **세무 관리의 효율성** : 법인은 세무 기장과 회계 관리가 개인보다 일관되게 관리할 수 있다. 또한 법인의 장부 기장과 세무 보고는 더 체계적이고 전문적이다.

2) **세금 측면에서의 유리함** : 개인은 10억 원 초과 45%의 세율이 적용되나 법인은 200억 원 이하 19%의 세율(2억 원 이하는 9%)이 적용된다. 사실상 법인은 누진세율이 없다시피 하고, 세부담이 낮다.

3) **사업 확장의 용이성** : 법인은 자본금이 유한책임이기 때문에, 투자유치나 대출 등의 사업 확장이 용이한 경우가 많다. 또한 지

분 분배와 관련된 규제가 명확해져, 향후 경영권에 대한 분쟁을 피할 수 있다.

2. 법인전환을 고려할 때 유의해야 할 점

법인전환을 고려하는 데 있어서 몇 가지 중요한 유의점이 있다.

① 법인의 형태, 주소, 임원 : 법인 설립을 위한 설립 임원, 발기인 주소 등을 결정하여야 한다. 임원은 급상여, 퇴직금에 제한이 있으며, 부동산을 취득한다면 주소가 매우 중요해진다.

② 운영 비용 : 법인 운영에는 정관 및 등기변경 비용, 세무 관리, 회계감사 및 법적 규제 등에서 발생하는 비용이 존재한다. 등기비용이 발생하고 감사비용이 발생할 수 있다.

③ 급여, 퇴직, 배당소득세 : 급상여, 퇴직금 등 법인의 지급규정 및 임직원의 소득세를 고려하여야 하고, 이익을 배당할 경우 2천만 원까지는 14%로 분리과세 되므로 배당정책도 정하여야 한다.

3. 법인전환의 시점

우선 사업연도 말보다는 연도 중에 전환하는 게 유리하다. 고소득자가 12개월 치의 세금을 개인사업자로서 부담하는 것보다 개인사업자 소득세 6개월 + 법인사업자 법인세 6개월로 부담하는 것이 납부세액이 적기 때문이다.

4. 사업자의 폐업

일반적으로 법인전환은 개인사업자를 폐업하게 된다. 개인사업자의 권리와 의무를 법인으로 이전하는 '포괄양수도 계약'이나 개인사업자의 고유 재산 가치를 평가한 후 출자금으로 법인을 설립하는 '현물출자'의 방식도 있지만, 결과적으로 기존의 개인사업자의 권리와 의무가 신규 법인으로 이전되기 때문에 개인사업자는 폐업한다.

① 개인사업자의 자산이 크지 않을 때는 개인사업자를 단순 폐업 후 법인사업자를 새로 설립하여 사업을 시작하는 것이 좋다.

② 개인사업자를 폐업하지 않고 법인을 별도로 설립하여 둘 다 운영할 수도 있다. 사업장을 두 개 운영하는 것이 힘들겠지만, 새로 설립한 법인을 같이 운영하면서 개인사업자를 서서히 없애는 것이다. 이때 개인사업자와 법인사업자의 거래는 신중히 하여야 하고, 세금을 줄이기 위해 법인사업자 명의를 악용하지 말아야 한다.

5. 법인전환의 방법

1) 사업양수도 방법

사업양수도란 사업 그 자체를 돈을 받고 넘기는 것을 말한다. 예를 들어 음식점업을 영위하면서 시설비 1억 원, 영업권 1억 원 등 합계 2억 원에 넘기는 방법을 말한다. 이중 시설비의 양도차익(양

도가액-장부가액)은 사업소득으로 과세하나, 영업권은 기타소득
(필요경비 60%)으로 과세한다. 단, 부동산과 함께 양도되는 영업권
은 기타소득이 아닌 양도소득에 해당하여 양도세로 과세한다. 참고
로 시설비, 영업권 및 재고자산이 있으면 10%의 부가세가 발생할
수 있다.

이때 부가세 없이 사업양수도를 하고 싶다면 종업원까지 그대로
포괄승계하여야 한다. 부동산에 대한 세 감면을 받기 위해서는 조
특법이나 지특법에서 규정한 요건(순자산가액 이상 자본금 출자
등)을 갖춰야 한다.

포괄양수도란?

사업의 포괄적 양수도란 사업장별로 사업용 자산을 비롯한 물적·인적
시설 및 권리·의무 등을 포괄적으로 양도·양수하는 것을 말한다. 사업
의 포괄적 양도·양수의 요건에 해당하면 부가가치세법에서는 이를 재
화의 공급으로 보지 않는다. 부가가치세를 징수할 경우 세금계산서의
발급과 환급에 따른 과세행정만 복잡하고 세수증가 없이 납세자에게 부
담만 증가시키기 때문이다. 다만, 사업을 양수받는 자가 대가를 지급하
는 때에 그 대가를 받은 자로부터 부가가치세를 징수하여 납부한 경우
(사업포괄양수자의 대리납부)는 제외한다.

2) 조세특례를 적용한 사업양수도 방법

개인사업자가 보유한 부동산에 대한 조세감면(양도세 이월과세
와 취득세 감면)을 받기 위해 조특법(제32조)이나 지특법(제57조

의2)에서 규정하고 있는 요건을 갖춰 법인전환을 하는 방법을 말한다. 양수도 방법은 법인의 현금으로 사업을 인수하는 방법을 말한다.

① 개인사업체의 순자산가액(자산-부채) 이상으로 법인을 설립하는 등의 요건이 있다.

② 이 방법으로 사업을 법인에 포괄적으로 양수도하면 부가세 면제, 양도세 이월과세(단, 주택임대업은 제외), 취득세 감면(단, 부동산임대업과 공급업은 제외)을 받을 수 있다.

3) 현물출자 방법

개인사업자가 보유한 부동산을 법인설립 때 자본금으로 출자하는 방법을 말한다. 이렇게 하면 현물출자를 하면 양도세 이월과세와 취득세 감면 등이 주어진다. 현물출자는 개인 부동산 등을 법인의 자본금에 출자하는 것을 말한다. 이 방법으로 사업을 법인에 현물출자하면 사업양수도처럼 부가세 면제, 양도세 이월과세(단, 주택임대업은 제외), 취득세 감면(단, 부동산임대업과 공급업은 제외)을 받을 수 있다.

> **부동산임대업은 법인전환 신중히**
> 임대소득이 크고 상속세가 염려된다면 법인전환을 고려하는 것이 인지상정이지만, 다음과 같은 점에서 법인전환이 쉽지 않다.
> 1) 취득세가 많이 나온다.
>   2020년 8월 12일부터 부동산임대업을 법인전환 시 취득세 감면이 없어졌다. 따라서 10억 원짜리 임대부동산을 법인전환하면 4.6%인

4,600만 원을 취득세로 내야 한다. 만일 법인 중과세 규정이 적용되면 두 배 이상 취득세가 증가하게 된다.

2) 상속세가 오히려 증가할 수 있다.
개인이 보유한 부동산은 보충적 평가법(기준시가, 환산가액)을 통해 신고하는 것이 일반적인데, 법인전환을 하게 되면 감정평가를 받아야 하고, 향후 주식평가 시 시가로 부동산을 평가하기 때문에 오히려 법인전환이 상속세가 커질 가능성이 있다.

Ⅱ 자본금 10억 원 이하인 법인은?

1. 법인설립등기

법인으로 운영하기 위해서는 사업자등록 이전에 법인설립등기부터 해야 한다. 다만, 이때 상호나 본점 소재지 등에 대한 의사결정이 있어야 한다. 참고로 자본금이 10억 원 미만인 법인의 경우 이사회를 구성할 수 없는 등 일반법인보다 설립절차가 비교적 간단하다.

2. 자본금 10억 원 미만의 법인

자본금 총액이 10억 원 미만인 회사의 경우에도 상법의 규정을 모두 적용하도록 하는 경우 과다한 비용의 지출, 효율성 등에 문제가 있으므로 자본금 총액이 10억 원 미만인 회사에 대하여 상법에서는 여러 가지 특례 규정을 두고 있으며, 그 내용을 살펴보면 다음과 같다.

1) **이사의 인원** : 이사는 3명 이상이어야 한다. 다만, 자본금 총액이 10억 원 미만인 회사는 1명 또는 2명으로 할 수 있다.

2) **감사** : 자본금의 총액이 10억 원 미만인 회사의 경우 감사를 선임하지 아니할 수 있다.

3) **설립시 정관의 공증인 인증 대신 기명날인 또는 서명** : 정관은 공증인의 인증을 받음으로써 효력이 생긴다. 다만, 자본금 총액이 10억 원 미만인 회사를 제295조 제1항에 따라 발기설립하는 경우에는 제289조 제1항에 따라 각 발기인이 정관에 기명날인 또는 서명함으로써 효력이 생긴다. 유한회사도 같다(상법 제292조).

4) **자본금납입금의 증명** : 자본금 총액이 10억 원 미만인 회사를 제295조 제1항에 따라 발기설립하는 경우 및 증자 시 납입증명서를 은행이나 그 밖의 금융기관의 잔고증명서(발기인 대표 명의)로 대체할 수 있다(상법 제318조 제3항, 제425조).

5) **주주총회 소집통지 간소화(상법 제363조 제4항)**

주주총회는 원칙적으로 출석한 주주의 결의권의 3분의 2 이상의 수와 발행주식총수의 3분의 1 이상의 수로써 하여야 한다. 또한 주주소집을 2주 전에 해야 하는 등 절차가 까다롭다. 그러나 자본금 총액이 10억 원 미만인 회사는 주주 전원의 동의가 있을 경우에는 소집절차 없이 주주총회를 개최할 수 있고, 서면에 의한 결의로써 주주총회의 결의를 갈음할 수 있다. 결의의 목적사항에 대하여 주주 전원이 서면으로 동의를 한 때에는 서면에 의한 결의가 있는 것으로 본다. 이에 해당하는 것 중 하나가 정관변경이다(1인 주주인 경우 1인 주주총회도 적법함).

6) 정관 변경의 방법(상법 제433조 제1항, 제434조)

정관의 변경은 주주총회의 결의에 의하여야 한다. 주주총회는 출석한 주주의 결의권의 3분의 2 이상의 수와 발행주식총수의 3분의 1 이상의 수로써 하여야 한다. 이 경우 주주소집을 2주 전에 해야하는 등 절차가 까다로우나 자본금 10억 원 미만인 회사는 주주 전원의 동의가 있을 경우에는 소집절차 없이 주주총회를 개최할 수 있고, 서면에 의한 결의로써 주주총회의 결의를 갈음할 수 있다.

Ⅲ 법무사를 만나다.

예전에는 법학과가 왜 인기 있는지 몰랐다. 법 없이도 살 때라서 그랬나 보다. 그러나 사회생활을 하다 보니 법 없이 할 수 있는 일이 없다. 주변에 법무사가 반드시 필요한 이유이다.

1. 법인 설립 시 법무사의 역할

1) **법인 설립 등기** : 법무사는 법인설립 등기 신청을 담당한다. 이 과정에서 법인의 기본적인 사항을 확인하고, 관련 서류를 작성하여 관할 등기소에 제출한다.

2) **정관 작성** : 법무사는 법인의 정관을 작성하거나 검토하여 법적 요건에 맞도록 한다. 정관은 회사의 조직, 운영 방법 등을 규정하는 중요한 문서이므로 법무사의 법적 검토가 필요하다.

3) **주식 발행 및 발행가액 결정** : 법무사는 법인 설립 시 주식의 종류, 수, 발행가액 등을 결정하고 관련 서류를 작성한다.

4) **법인 인감 등록** : 법인 설립 후 법인 인감을 등록하고, 인감도장 및 인감카드를 발급받는다.

5) **기타 법적 조언** : 법무사는 법인 설립과 관련된 기타 법적 사항에 대해 조언을 제공하며, 관련 법률적 문제를 해결한다.

2. 법인 설립 시 비용

법인 설립 시 등록면허세등 세금과 증지, 등본 등 실비 및 법무사 수수료가 발생한다. 법무사 수수료는 법정되어 있지 않으나 통상 1 백만 원 이하이다. 이때 아래에 따라

1) 법인소재지가 서울 등 수도권과밀억제권역인 경우 등록면허세가 3배 중과된다.

2) 등록면허세는 자본금의 0.4%이지만 만약 자본금이 2,800만 원 이하라면 112,500원을 낸다. 만일 과밀억제권역에 설립하면 3배 중과되어 337,500원을 낸다.

3) 자본금 10억 원 이상이면 의사록 및 정관공증비용이 추가된다.

3. 법인 변경 등기 기한

　주식회사 설립 후 임원의 임기연장, 본점 이전등기, 대표이사 주소 변경 등기, 증자 등 각종의 변경 등기를 하여야 한다. 각종의 등기를 기간 내에 하지 않을 경우 500만 원 이하의 과태료에 처해지게 되니 주의하여야 한다. 특히 대표이사 주소변경 등기를 누락하는 사고가 자주 발생한다.

　① 임원 임기연장 등기 : 매 3년
　② 본점이전 등기 : 이전 후 2주
　③ 대표이사 자택주소 변경 : 전입신고 후 2주

　20X1년 6월 15일에 설립등기를 한 주식회사의 이사는 임기가 20X4년 정기주주총회 종결시 또는 20X4년 6월 15일이다. 3년 후에는 이사가 교체되지 않아도 반드시 이사연임(중임)을 하여야 한다. 감사의 임기는 취임 후 3년 내의 최종 결산기에 관한 정기주주총회의 종결 시까지이다. 12월 말 결산법인인 경우 12월말 결산법인인 경우 감사 선임일자가 20X1년 6월 15일인 경우 감사임기는 20X4년 3월 31일까지가 된다.

법인정비 및 규정마련

Ⅰ 임원 상여금, 퇴직금 규정마련

세법상 임원에 대한 비용(상여금, 퇴직금)은 한도를 정하고 있고 과다경비를 부인한다. 한도는 주주총회 또는 이사회 및 주추총회 등에서 의결한 사규로 정하게 되는 바 어디에 지급규정을 두어야 할지 고민해야 한다.

1. 정관의 목적과 성격

정관은 회사의 법적 근간이 되는 문서로, 회사의 기본적인 운영 원칙과 조직, 주주총회, 이사회 등의 절차를 규정한다. 정관은 법적인 효력을 가지며, 이를 변경하려면 주주총회의 결의가 필요하다. 그러므로 정관에 임원상여금 및 퇴직금 규정을 포함하는 것은 지나치게 구속적이고 경직적일 수 있다.

2. 사규의 목적과 성격

사규(사내규정)는 회사 내에서의 업무 수행 방침과 규율을 정하는 문서로, 회사 운영에 유연하게 적용될 수 있다. 사규는 원칙상 주주총회나 이사회의 승인 없이도 쉽게 변경할 수 있으며, 임원상여금 및 퇴직금 지급 규정과 같이 구체적이고 세부적인 사항은 사규에 두는 것이 적합하다.

3. 임원상여금 및 퇴직금 규정의 유연성

따라서 사규로 "임원의 보수지급규정" 및 "임원의 퇴직금지급규정"을 마련하여 상여, 퇴직금의 한도를 규정하고, 주주총회에서 결의 후 이사회 결의로 지급하는 것이 타당하다고 여겨진다.

1) 정관 제00조(임원의 보수와 퇴직금)

1. 임원의 보수(여기서 보수란 퇴직을 원인으로 지급하는 소득을 제외하고, 급여, 상여금, 인센티브, 성과급 등 매년의 경영성과 등에 따라 근로 제공의 대가로 받는 보수를 말한다)는 주주총회 또는 이사회의 결의로 제정한 회사의 임원보수지급규정에 의한다. 1인당 연간 보수한도는 __억 원으로 한다.

2) 임원의 보수지급규정 제00조(임원의 보수)

임원의 보수는 임원보수지급기준표에서 정하는 바에 따른다.

구분	대표이사	기타임원
급여	기본보수 년 __ 억 원으로 하고 근속연수 × 10%를 가산한다.	기본보수 년 ___천만 원으로 하고 근속연수 × 10%를 가산한다.
상여	기본 상여금은 급여의 __%를 한도로 한다.	기본 상여금은 급여의 __%를 한도로 한다.

Ⅱ 중간배당

1. 정관에 중간배당 규정 필요 여부

중간배당을 시행하려면 정관에 중간배당에 대한 규정이 있어야한다. 상법 제462조에 따르면, 주식회사는 정관에 중간배당을 할수 있도록 규정할 수 있다. 즉, 중간배당을 실시하기 위해서는 정관에 해당 내용이 명시되어 있어야 하며, 그렇지 않으면 중간배당을할 수 없다.

상법 제462조의3【중간배당】
① 연 1회의 결산기를 정한 회사는 영업연도 중 1회에 한하여 이사회의 결의로 일정한 날을 정하여 그날의 주주에 대하여 이익을 배당(이하 이 조에서 "중간배당"이라 한다)할 수 있음을 정관으로 정할 수 있다.

2. 정관상 근거마련

1) 정관 제00조(중간배당)

① 당 회사는 상법 제462조의3의 규정에 의하여 6월 30일 현재의 주주에게 중간배당을 할 수 있다. 중간배당은 금전 또는 현물로 한다.

② 중간배당은 이사회 결의로 한다. 단, 이사의 수가 2인 이하인 경우에는 주주총회의 결의로 한다.

배당결의의 취소와 배당소득세

주주총회의 결의는 원칙적으로 취소할 수 없지만, 일부 예외적으로 취소가 가능한 경우도 있다. 주주총회에서 결의가 특정 법률에 위배되거나 중대한 절차적 오류가 있는 경우 취소할 수 있다. 주주총회에서 결의된 사항을 취소하려면 법적 절차를 밟아야 하며, 법원에 취소 청구를 할 수 있다. 따라서 일단 주주총회에서 배당결의를 하면 단순한 배당취소 결의로 배당소득에 경정할 수 없으므로 신중히 배당결의하여야 한다 (기준-2018-법령해석소득-0165, 2018.7.20.).

Ⅲ 우선주 발행과 전환?

1. 우선주 발행을 위한 정관 규정 필요 여부

우선주를 발행하려면 정관에 규정이 있어야 한다. 주식회사는 우선주의 발행에 대해 정관에 명시적으로 규정할 수 있다.

2. 주주가 아닌 자에게 우선주를 발행할 수 있는지

주주가 아닌 자에게도 우선주를 발행할 수 있다. 우선주는 주식회사의 주식으로서, 주식회사의 주주로서 권리를 갖지 않더라도 주식의 발행이 가능하다. 이는 자본금 조달이나 회사 운영 목적에 따라 발생할 수 있다. 따라서, 주주가 아닌 자에게도 우선주를 발행할 수 있지만, 적법한 절차를 거쳐야 한다.

1) 정관의 규정 신설 또는 변경 : 정관에 우선주 발행에 관한 규정이 없거나, 새로 발행할 우선주의 내용이 다를 경우 주주총회를 통해 정관을 신설하거나 변경해야 한다.

2) 이사회의 결의 : 이사회에서 우선주 발행을 결의한다.

3) 주금의 납입 : 주금을 납입한다.

4) 등기 : 주금 납입 다음 날 주주가 되므로, 주금 납입 다음 날 등기를 신청한다.

3. 의결권 없는 우선주의 최대한도

우선주 자체에 대하여 상법상 발행한도에 대한 제한 규정은 없다. 그런데 우선주는 보통 무의결권주로 발행되는데 상법상 무의결권주의 발행제한이 있으므로 일반적으로 우선주의 발행제한이 있는 것으로 이야기된다. 무의결권 주식은 회사가 정관에 이익배당에 관한 우선주에 대하여 의결권이 없도록 정한 주식을 말한다. 무의결

권 주식의 발행한도는 발행주식 총수의 4분의 1을 초과할 수 없다
(상법 제344조의3).

4. 보통주를 우선주로 전환할 수 있는지?

등기선례(대법원등기선례 6-6619 2000.7.13. 등기 3402-490
질의회답)는 보통주를 우선주로 직접 변경하는 것을 허용하고 있
고, 실무적으로도 가능하여, 소각 및 증자 없이 주식전환할 수 있
다. 이때 보통주를 우선주로 전환함으로써 우선주로 전환한 주주
또는 우선주로 전환하지 않은 주주의 전환 후 주식가액이 증가하여
이익을 얻은 경우에는 증여세 과세대상에 해당(상증, 인터넷방문상
담4팀-2096, 2005.11.7.)한다. 보통주와 우선주를 달리 평가하지
않는 상증법상 평가에 따르면 우선주로 전환하였다 하더라도 전환
의 이익이 생길 수는 없다는 의견도 있다.

5. 우선주의 주식가치평가

보통주를 우선주로 전환하는 경우 전환된 우선주를 보통주와 동
일한 가치를 가진 것으로 볼 수 있는지 여부에 관하여 명확한 해석
이 없다. 원론적으로 상증법상 주식가치평가시 우선주 여부에 따라
달리할 수 있는 규정은 없다. 다만 법인이 우선주 등 이익배당에 관
하여 내용이 다른 수종의 주식을 발행한 경우에는 주식의 종류별로
그 내용을 감안하여 적정한 가액으로 평가한다는 원론적인 해석만
있을 뿐이다.

제3절 법인 자산을 취득하다.

■I 법인의 부동산 취득

법인도 소유권의 주체가 될 수 있다. 법인의 취득은 개인의 취득과 차이가 있으므로 정리한다. 이때 재산은 주택이 아닌 부동산으로 가정한다. 법인이 주택을 취득하는 것은 권장할 만하지 못하므로 쳐다도 보지 말라는 뜻이다.

1. 법인의 부동산 취득은 5년 후부터

일반적인 승계취득의 취득세율은 4.6%(농특세 등 포함)이다. 다만 서울에서 설립한 법인이 5년 내에 서울에 있는 부동산을 취득하는 경우 9.4%가 적용되고, 만일 해당 부동산을 본·지점으로 사용하면 13.4%가 적용된다. 설립일 후 5년 이후에는 본·지점용 부동산을 신축하는 경우에만 8.6%가 적용되고 승계취득하는 경우에는 4.6%의 일반세율이 적용된다. 따라서 서울에 소재한 법인이 서울 부동산을 취득하려면 5년을 기다려야 한다. 이를 회피하고자 휴면법인을 양·수도하거나, 경기도 외곽에 본점등기를 하는 사례가 많이 있으나, 실질이 함께 따라줘야 겨우 가능한 것이고, 서류만 가지고 될 일은 아니다.

2. 5년 전에는 개인이 취득하여 법인에게 임대

이러한 중과세는 법인에게만 있고, 개인에게 적용되는 것이 아니다. 따라서 개인이 서울에서 부동산을 취득하면 4.6%를 부담하게 되고, 5년간 법인에게 공정한 가액으로 임대를 한 후 법인에 매각하는 것이 타당할 것이다.

3. 현물출자

1) 양도세 과세대상

개인이 법인에게 부동산을 현물출자하는 경우, 양도소득세를 납부해야 한다. 부동산을 양도하고 현금대신 주식을 받는 것에 불과하므로 대가관계가 있기 때문에 양도소득세 과세대상이 된다.

조세특례제한법에 따라 요건을 갖춘 현물출자에 의해 개인기업을 법인으로 전환하면서 사업용 고정자산을 법인 명의로 이전하는 경우, 이전하는 시점에는 양도소득세를 과세하지 않고, 이를 양수한 법인이 나중에 해당 자산을 처분할 때 개인이 종전 사업용 고정자산을 법인에게 양도한 과세기간에 다른 양도자산이 없다고 보아 계산한 양도소득세 산출세액을 법인세로 납부하게 된다(이월과세).

2) 취득세

현물출자로 취득한 부동산도 일반 유상취득과 동일하게 취득세가 과세된다.

4. 법인에게 증여

1) 자산수증이익에 대한 법인세

영리법인은 증여세를 과세하지 않는다. 다만 무상으로 취득한 재산에 대한 법인세가 부과될 수 있다. 다만 법인세율이 높지 않고, 처분시 손금으로 인정될 것인바 세부담이 크다고 할 수는 없다고 하겠다.

2) 법인주주에 대한 증여세

특정법인과의 거래를 통하여 법인의 주주에게 경제적 이익을 분여하였다고 볼 경우 주주에게 증여세가 과세될 수 있다. 거래의 유형, 경제적 이익의 측정방법 및 시점에 관하여 다양한 해석들이 있고, 증여이익의 규모에 따라 증여세를 과세하지 않는 경우도 있으므로 면밀히 검토하여 진행하여야 한다.

3) 법인의 취득세

무상으로 재산을 취득하는 경우에도 취득세가 과세된다. 이때 표준세율은 3.5%로 일반적인 유상취득의 표준세율 4%(농특세 등 제외)보다는 저렴하다.

> ## 특정법인과의 거래를 통한 이익의 증여
>
> 특정법인과의 거래를 통한 이익의 증여
> 특정법인이란 지배주주와 그 친족의 주식보유비율이 30% 이상인 법인을 말한다. 지배주주와 그 친족이 특정법인에게 아래와 같은 유형의 이익을 분여하는 경우 유형별로 지배주주와 그 친족 1인당 증여의제이익이 1억 원 이상인 경우 증여받은 것으로 본다(상증법 제45조의5 및 상증령 제34조의5).
> ① 무상으로 제공하는 거래 (초과배당 포함)
> ② 저가로 제공하는 거래 (금전의 무상대여 포함)
> ③ 고가로 인수하는 거래
> ④ 불균등 감자 등 자본거래 (2025년 개정 추가)
> ⑤ 채무의 면제 또는 인수
> ⑥ 저가로 현물출자하는 것
> 개인에게 무상으로 빌려줄 수 있는 자금이 2억 원(1천만 원 이상인 경우 과세)인 것과 비교하여 법인에게 무상으로 빌려줄 수 있는 자금은 주주 1명당 20억 원(주주당 1억 원 이상인 경우 과세)이므로 법인이 끼게 되는 경우 운용자금의 규모는 매우 커진다고 할 수 있다.

Ⅱ 법인차량, 렌트? 리스? 임직원전용보험?

2024년부터 법인차량을 등록하는 경우, 기존의 검은색 번호판 대신 눈에 띄는 연두색 번호판을 부착하도록 의무화했다. 이는 법인차량의 사적사용에 대한 부정적 인식이 있기 때문이고 부정적인 인식으로 인한 다양한 규제도 있다. 업무용승용차란 개별소비세가 과세되는 승용차이다. 따라서 승합차(정원 9인승 이상)나 경차(배기량 1,000cc 이하)는 대상이 아니다.

1. 법인차량의 규제

① 차량가격이 8천만 원 이상이면 연두색 번호판을 장착한다.

② 임직원 전용자동차보험 가입해야 한다.

③ 운행일지를 작성한다(1년 차량관련 비용 1,500만 원 초과시 의무).

④ 비용의 일부만 인정하고, 나머지는 차량처분, 교환 이후에 인정해준다.

⑤ 승용차 관련 매입세액은 부가가치세 불공제, 매출세액은 부가가치세 과세한다.

2. 비용부인 예시

법인 업무용승용차 관련 비용은 일정 요건·기준에 따라 비용으로 공제하여야 한다.

① 업무전용자동차보험에 가입하여야 하고, 가입하지 않으면 전체 비용을 부인한다.

② 운행기록부상 총 주행거리에서 업무용 사용거리가 차지하는 비율만큼 비용이 인정되며, 비용이 부인되는 경우 대표자 등에게 소득세가 부과된다.

③ 고가차량일수록 일시에 많은 비용이 공제되는 불합리한 점을 해소하기 위해 감가상각비 등의 연간 비용한도를 두고 있다. 연간 800만 원까지만 인정하고 초과하는 금액은 800만 원에 미달하게 연도에 800만 원을 한도로 비용을 매년 손금으로 인정한다.

3. 자가보유, 리스, 렌트

업무용승용차의 이용형태에 따라 특별히 더 불리하거나 유리한 규정은 없다. 일반적인 이용료가 자가보유가 가장 저렴하고, 렌트료가 가장 비싸다는 정도의 구분만 있다. 일반적으로 한번 부인이 발생하는 승용차는 매년 부인이 발생할 것이므로, 처분하거나 렌트가 종료되어야 비로소 초과하는 비용이 인정받게 되므로, 차량을 자주 바꾸는 것이 유리하고, 이를 위해서는 렌트가 가장 적합한 상품일 수 있다.

4. 임직원 전용보험

보험용어에서 담보는 "보험사가 책임지고 보장하는 범위"를 뜻한다. 비교하여 부담보는 "특정 조건 하에 일정 기간 또는 특정 상황에 대해 보험사의 보장 책임이 제한되는 경우"를 말한다. 임직원 전용보험의 경우 "임직원 운전자 한정운전 특별약관"으로 임직원 이외의 자가 피보험자동차를 운전하던 중에 발생된 사고에 대하여는 보험금을 지급하지 않는다. 이때 임직원은 급여를 받지 않는 법인 등기부등본상 임원도 포함한다. 운전자가 임직원이기만 하면, 동승자가 임직원이 아니라도 대인배상으로 보상이 가능하다.

"허", "하", "호" 번호판을 다는 렌트차량의 경우 렌터카 회사가 임직원 전용 자동차보험에 가입한다. 일반번호판을 다는 리스차량은 리스이용자가 직접 임직원전용보험에 가입하여야 한다.

▦ 미술품 구매

미술품은 금액과 상관없이 취득세 및 보유세가 과세되지 않는다. 또한 미술품의 판매에 대하여 부가가치세가 면세된다. 이에 따라 미술품은 소득세 또는 법인세만 과세되므로 세금면에서 가장 특별한 지위에 있다고 하겠다.

1. 법인

법인이 장식, 환경미화 등의 목적으로 사무실·복도 등 여러 사람이 볼 수 있는 공간에 항상 전시하는 미술품을 구입한 경우로서 거래단위별로 1천만 원 이하인 경우에는 비용으로 처리하는 경우에도 법인의 비용으로 인정하고 있다.

법인이 소장 중인 미술품을 양도할 경우에는 양도차익에 대하여 법인의 과세소득으로 과세된다.

2. 작가와 사업가

작가로부터 미술품을 구입하고 매매대금을 지급할 때 해당 작가의 사업소득으로 보아 3.3%의 세율로 원천징수한다. 미술품의 거래를 위해 사업장 등의 물적설비를 갖추거나 사업자등록을 한 개인으로부터 구입하는 경우에도 같다.

3. 개인 소장가

작가가 아닌 개인(소장가)이 소장한 미술품을 구입하는 경우에는 기타소득으로 보아 22%의 세율로 원천징수한다. 이때 아래와 같은 사정으로 소장가의 소득은 세부담이 매우 낮다.

① 국내 생존작가의 작품은 비과세된다.

② 양도가액이 6천만 원 미만일 경우 비과세된다.

③ 양도가액이 6천만 원을 초과하여도 필요경비를 90%(1억 원 초과 80%)로 높게 인정하고 기타소득으로 분리과세한다.

미술품의 감정평가

한국의 감정평가법인은 「감정평가 및 감정평가사에 관한 법률」에 따라 설립된 법인으로, 주된 업무는 부동산 등의 감정평가이다. 하지만 미술품 감정은 주로 「문화재보호법」 및 「미술품 감정업무에 관한 법률」 등에 따라 별도로 운영되며, 미술품 감정은 미술품 감정 전문 기관이나 전문가가 수행하는 것이 일반적이다.

미술품을 감정하기 위하여 아래 등이 이용되나 국가 또는 국제적으로 통일된 단일한 인증 절차는 없다고 하겠다.
① 작가 또는 공식 기관이 발행하는 증명서 (COA, Certificate of Authenticity)
② 감정기관에서 발행하는 감정서
③ 카탈로그 레조네(Catalogue Raisonné)

Ⅳ 양도소득에 대한 법인세 추가과세

1. 양도소득에 대한 법인세 추가과세

개인이 부동산을 양도하면 양도소득세 또는 사업소득세(부동산 매매업자) 둘 중 하나를 부담한다. 그러나 법인이 부동산을 양도하면 각 사업연도소득에 대한 법인세를 부담하고, 토지등 양도소득에 대한 법인세를 추가로 부담할 수도 있다.

  1) 각 사업연도 소득에 대한 법인세 : 개인과 달리 법인은 과세되는 소득을 열거하거나 구분하지 않는다. 양도소득도 다른 소득들과 마찬가지로 법인세를 낸다. 이것을 각 사업연도소득에 대한 법인세라고 한다.

  2) 토지 등 양도소득에 대한 법인세 : 법인이 주택이나 비사업용토지를 양도하면 각 사업연도소득에 대한 법인세에 추가하여 20%(주택) 또는 10%(비사업용토지)를 납부한다. 결론적으로 말하면 나대지 등 건축물이 없는 토지는 추가 법인세가 과세될 여지가 있고 이를 벗어나기 위해서는 착공을 하여야 한다.

2. 사업용으로 보는 기간

다음 중 하나의 요건에 충족되면 사업용토지가 된다.
① 양도일 직전 5년 중 3년 이상을 사업에 사용

② 양도일 직전 3년 중 2년 이상을 사업에 사용

③ 보유기간 중 60% 이상을 사업에 사용

3. 나대지의 경우

나대지(지목이 '대'인 토지 건축물이 없는 토지)의 경우 건축물이 있으면 사업에 사용한 것이 된다. 건축물이 있으면 건물의 부수토지가 되고 건물의 부수토지는 재산세 별도합산이 되고 재산세 별도합산이 되는 토지는 사업용토지로 보기 때문이다.

1) 멸실한 부속토지

멸실 후 6개월 내에 6월 1일이 도래하는 토지는 재산세가 별도합산된다. 건축물의 부수토지로 본다. 건축물의 부수토지로 보면 재산세가 종합합산되지 않고 종부세가 발생하지 않거나 낮게 발생한다.

2) 착공한 부속토지

재산세 부과기준일인 6월 1일 전에 착공하면 사업용으로 사용을 시작한 것으로 보아 건축물의 부수토지가 된다. 여기서 착공이란 터파기공사를 말하고 터파기공사의 일련단계로 보는 흙막이공사, 규준틀설치공사를 포함한다. 비교하여 형질변경공사 지목변경은 착공이 아니다.

4. 고려해 볼 수 있는 신축

　서울 경기지역을 기준으로 200평 이상의 대지라면 꼬마빌딩의 신축을 고민해 볼 수 있다. 이 경우 착공일이 업무용으로 사용하는 시작 시점이 된다. 개발과정의 분양 및 인·허가가 어렵다면, 매입임대주택사업을 고려할 수도 있다. 매입임대사업은 LH가 임대할 주택을 신축하여 LH에 매각하는 사업이다. 사업이 정형화 되어 있어 인·허가가 상대적으로 수월하고, 토지대금 및 공사대금을 LH등이 선지급해 주며, LH가 매입확약을 하므로 안정적인 사업이 될 수 있다. 또한 양도세감면, 용적률완화, 건설자금 지원 등의 혜택이 있다.

Ⅴ 재산세와 종부세

1. 재산세

　재산세는 지방세로 6월 1일 보유 중인 부동산에 대하여 0.1% ~ 0.5% 정도로 부과된다. 전기료, 통신비처럼 고지서로 납부하는 세금이고 세부담이 큰 세금이 아니다. 다만 재산세의 뒤에는 따라오는 종합부동산세의 세부담은 매우 무겁다고 할 수 있다. 따라서 종부세 과세대상과 관련하여 살펴보아야 한다.

　① 매년 6월 1일 하루를 기준으로 1년치 보유세를 판단한다.
　② 재산세는 주택(7월, 9월), 토지(9월), 건물분(7월)이 과세되고

③ 종부세는 12월에 과세되나, 건물을 제외한 토지 및 주택에 대하여 과세된다.

2. 종부세

종부세는 국세로 6월 1일 재산세가 과세된 부동산 중 건물을 제외하고 토지, 주택에 대하여 12월에 부과한다. 종부세의 과세구분은 재산세를 그대로 인용하므로 재산세가 바뀌지 않으면 종부세도 바꾸기 어렵다.

3. 과세기준일(6월 1일)

잔금일이 5월이면 양수자가 재산세와 종부세를 부담한다. 잔금일이 6월 1일 이후이면 양도자가 재산세와 종부세를 부담한다. 자동차세는 일할계산하여 양도·양수자 간에 합리적으로 조정되나, 재산세는 그런 절차가 없다. 따라서 매입은 6월에 하는 것이 좋고 양도는 5월에 하는 것이 좋다.

4. 재산세 과세내역서를 확인하자.

9월에는 재산세 과세내역을 확인하여 토지분 종합합산이 있는지를 체크하여야 한다. 고지납부하는 세금은 90일 내에 이의신청하지 않으면 확정되는데 재산세가 확정되면 종부세의 부과를 막기가 어렵다. 종부세는 12월에 과세되나 신고할 수도 있는바 9월의 과세내역서를 확인하는 것이 무엇보다 중요하다.

구 분			재산세	(법인) 종부세	
			세율	공제액	세율
주 택			0.1~0.4% (3억 원) 별장은 4%	N/A	2.7%(2주택 이하) 5.0%(3주택 이상)
건물	상가, 사무실, 빌딩		0.25%	N/A	
토지	종합 합산	나대지, 잡종지	0.2~0.5% (1억 원)	5억 원	1~3% (45억 원)
	별도 합산	건축물 부수토지(착공한 토지) 멸실된 건축물 부수토지(6개월)	0.2~0.4% (10억 원)	80억 원	0.5~0.7% (400억 원)
	분리 과세	주택건설사업자의 토지 지식산업센터 부수토지	0.07%	N/A	
		전, 답, 과수원, 목장용지	0.07%		
		골프장용 토지	4.00%		

* 괄호안의 숫자는 최고세율 적용구간의 시작점이다.

Ⅵ 회원권? 콘도? 생활형 숙박시설 분양?

법인이 회원권, 콘도, 생활형 숙박시설을 보유하고 이를 업무 관련 자산으로 인정받기 위해서는 임직원 복리후생의 일환으로 활용할 수 있도록 관련 규정을 마련해야 한다.

1. 비용처리의 원칙

해당 자산을 거래처가 이용한다면 접대비이므로 매입세액불공제는 각오해야 할 것이며, 오너일가등이 이용한다면 매입세액불공제뿐만 아니라 업무 관련성도 인정받을 수 없다. 업무 관련성을 인정받지 못한다는 의미는 관련 비용(수리비, 재산세)을 비용처리할 수도 없고, 관련 차입금의 이자도 비용으로 처리할 수도 없고, 해당시설을 이용한 자에게 소득세도 과세된다는 의미이다.

2. 복리후생 규정마련 및 이용현황관리

임직원 복리후생규정 예시

제1조 【목적】
이 규정은 법인(이하 "회사")이 보유한 회원권, 콘도, 생활형 숙박시설 등의 자산을 임직원의 복리후생을 위해 적절히 사용하는 것을 목적으로 한다.

제2조 【사용목적】
회사는 임직원의 복리후생, 건강증진, 휴식 및 재충전을 위한 수단으로 회원권, 콘도, 생활형 숙박시설을 활용한다. 이 자산들은 주로 다음과 같은 목적을 위해 사용된다.

1. 임직원 및 그 가족들의 휴식과 휴가 지원
2. 업무 출장 시 임직원 편의 제공
3. 직원 복지를 위한 특별한 혜택 제공

제3조【대상자】
회사는 본 자산을 임직원, 임직원의 가족(배우자, 자녀)에 대해 제공한다.
임직원 외에도 회사에서 인정한 특정 업무 수행에 중요한 역할을 한 직원에
대해서도 제공할 수 있다.
제4조【이용기준 및 절차】
1. 자산의 이용 대상자는 임직원 및 그 가족(배우자, 자녀)이다.
2. 자산 이용은 사전 신청을 통해 이루어지며, 회사의 복리후생 담당 부서
   에서 이를 관리한다.
3. 이용자는 이용 전 사전 예약을 원칙으로 하며, 예약은 회사 내부 시스템
   을 통해 이루어진다.
4. 이용에 대한 우선 순위는 다음과 같다.
① 정기적인 휴가 제공 : 1년 이상의 근속직원에게 우선 제공
② 업무 출장 후 휴식 : 출장 후 휴식을 위한 사용 우선
③ 특별한 공로를 인정받은 직원 : 일정 성과를 거둔 직원에 대해 우선 제공

Ⅶ 경영인 정기보험(CEO보험)

경영인 정기보험은 회사의 경영자가 사망, 장애 등으로 인해 경
영을 지속하기 어려운 상황에 대비하기 위한 보험이다. 이 보험은
경영자가 사망하거나 장애를 입었을 때 회사가 경영을 계속할 수
있도록 자금을 지원하는 역할을 한다. 주로 회사의 대출 상환, 경영
권 승계, 자금 유동성 확보 등을 위해 가입한다.

1. 경영인 정기보험의 주요 목적

1) 사망 및 장애에 대비한 자금 확보 : 경영자가 사망하거나 장애를 입었을 때 회사가 급하게 자금을 마련할 수 있도록 돕는다.
2) 경영권 승계 : 경영자가 갑자기 사망하거나 장애를 입을 경우, 후계자가 경영을 이어받을 수 있도록 자금을 지원한다.
3) 대출 상환 : 경영자가 사망할 경우 대출을 상환하기 위한 자금을 마련해준다.

2. 보험 가입 방식

1) 보험료는 회사가 지급하고, 경영자가 피보험자가 된다.
2) 보험금은 경영자의 사망이나 장애 시 회사 운영에 필요한 자금을 지급하는 형태이다.

3. 최근 금융감독원 경영인 정기보험 판매 중지 사태

2024년 12월 금융감독원은 경영인 정기보험에 대한 판매 중지를 발표했다. 보험상품의 설계 및 판매 과정에서 발생한 문제 때문이다. 구체적으로, 개인사업자의 경영인 정기보험가입, 경영인정기보험이 대출 담보용으로 사용되거나, 원금 손실이 전혀 없는 '저축상품'으로 판매가 되었기 때문이다. 이로 인해 금융감독원은 경영인정기보험의 판매를 중지하였다. 향후 취지에 걸맞는 개선된 보험상품이 출시될 것으로 기대한다.

4. 기존 경영인 정기보험 가입자에게 미치는 영향

2024년 12월부터 개인과 개인사업자는 경영인 정기보험에 신규로 가입할 수 없게 되었다. 그러나 이 조치는 신규 가입자에 대한 것이며, 기존에 가입한 개인 및 개인사업자의 계약은 그대로 유지된다.

1) 보험료 및 환급률은 기존 대비 낮아졌다. 이러한 변경은 새로운 상품에 적용되며, 기존 가입자의 계약 조건에는 직접적인 영향이 없다.

2) 금융감독원은 경영인 정기보험의 불건전한 영업 행위를 방지하기 위해 상품 구조 개선 지침을 배포하였다. 이 지침은 신규 상품 개발 및 판매에 대한 것이며, 기존 계약자에게는 직접적인 영향을 미치지 않는다.

일시 자금을 운용하다.

I MMT? MMF란?

　법인은 자금이 고여있는 그릇(Vehicle) 역할을 한다. 개인의 경우 이자나 배당소득은 다른 소득에 비하여 중과세된다. 예를 들어 개인의 이자소득 등은 필요경비가 없고, 최소 원천징수세율보다 높은 세금을 부담해야 한다. 그러나 법인은 이러한 불이익이 없다. 법인의 일시 자금 운용을 위한 금융상품에는 다양한 선택지가 있으며, 각 금융상품은 법인의 자금 운용 목표에 따라 다르게 활용될 수 있다. 그 중에서도 MM(Money Market)상품은 안정성과 유동성을 중시하는 법인에게 유리한 선택일 수 있다.

1. 법인의 일시 자금 운용을 위한 금융상품

1) MMT(Money Market Trust)

　MMT는 단기 자금을 운용하는 금융상품으로, 주로 기업의 여유 자금을 안전하고 유동성 있는 자산에 투자하여 운용한다. 고객의 지시에 따라 신탁회사가 자산을 운용하는 특정금전신탁이다. 자산 소유권은 고객 본인에게 있다. 하루만 예치해도 시장 실세 금리 수

준의 수익을 얻을 수 있는 단기 상품으로, 주로 법인이나 고액 자산가들이 이용한다.

2) 예금

정기예금, 보통예금 등은 안정성을 중시하는 기업에게 적합한 금융상품이다. 예금은 원금 손실 위험이 없으며, 고정 금리를 제공하기 때문에 예측 가능한 수익을 제공한다.

하지만 이자율이 낮을 수 있어 높은 수익을 기대하는 법인에게는 적합하지 않을 수 있다.

3) 단기채권

단기국채나 단기기업어음(CP) 등은 MMT처럼 단기 금융상품에 속하지만, 예금보다는 다소 높은 수익률을 제공할 수 있다.

다만, 일정한 리스크가 존재하므로 기업의 위험수용능력에 맞는 상품을 선택해야 한다.

4) MMF(Money Market Fund)

자산운용회사가 단기 금융 상품(국공채, CP, CD 등)에 투자하여 운용하는 상품이다. MMT와 달리 자산운용회사가 자산의 소유주이다. 개인 투자자들이 쉽게 접근할 수 있는 상품으로, 하루 단위로 수익을 계산하며 환매가 자유롭다.

법인의 일시 자금 운용 시 MMT는 안정성, 유동성, 수익성을 모두 고려한 유리한 선택이다. 법인의 자금을 효율적으로 운용할 수 있는 금융상품으로 단기 자금 운용을 필요로 하는 기업에게 적합하며, 원금 보장(원금 보장은 되지 않지만, 금융기관이 파산하지 않는 한 안정적인 수익을 기대할 수 있다)과 유동성을 중요시하는 법인에게 유리하다.

Ⅱ 퇴직연금에 가입 하다.

법인이 임직원을 위해 퇴직연금을 가입하는 경우 DB형(확정급여형)과 DC형(확정기여형) 퇴직연금 상품 중에서 선택할 수 있다. 각 상품은 임직원의 퇴직금 지급 방식과 법인의 부담 방식에 차이가 있으므로, 법인의 사업 환경, 재정적 여유, 퇴직금 운영의 투명성 등을 고려해 선택해야 한다.

1. DB형(확정급여형) 퇴직연금

DB형 퇴직연금은 퇴직금의 급여액이 사전에 정해져 있는 방식이다. 법인은 퇴직금 지급액을 미리 계산하고 이를 퇴직연금으로 적립한다.

1) DB형의 장점

① 예측 가능성 : 퇴직금 지급액이 사전에 확정되므로 법인 입장

에서 퇴직연금 비용을 예측하고 관리하기 쉽다.

② 안정성 : 퇴직연금의 지급액이 정해져 있기 때문에 임직원에게 안정적인 퇴직금이 보장된다. 이는 임직원의 만족도와 신뢰를 높이는 요소가 될 수 있다.

③ 법인 부담 관리 : 급여와 퇴직금을 일정하게 설정할 수 있어, 법인의 재정 관리가 용이할 수 있다.

2) DB형의 단점

① 법인의 투자 책임 : 퇴직금 지급액이 고정되어 있기 때문에 법인은 퇴직연금 자산의 운용 성과에 따라 퇴직금을 지급해야 한다. 만약 투자 성과가 부진하면 법인이 추가로 자금을 보충해야 할 수도 있다.

② 유동성 부담 : 법인이 퇴직연금을 적립할 때 일정한 금액을 꾸준히 납입해야 하므로 유동성에 부담이 있을 수 있다.

2. DC형(확정기여형) 퇴직연금

DC형 퇴직연금은 법인이 일정 금액을 매년 기여하고, 그 금액을 적립하여 퇴직금을 지급하는 방식이다. 퇴직금 액수는 임직원의 투자 성과에 따라 달라진다.

1) DC형의 장점

① 법인의 부담 감소 : 법인은 매년 일정 금액을 퇴직연금 계좌에

적립하지만, 그 이상의 금액을 부담할 필요가 없다. 즉, 투자 성과에 따라 지급액이 달라지므로, 법인의 부담이 상대적으로 적다.

② 투자 선택의 자유 : 임직원은 퇴직연금 자금을 여러 투자 상품에 투자할 수 있다. 이는 투자 성과에 따라 퇴직금이 증대할 가능성을 제공한다.

③ 유동성 관리 용이 : 법인은 매년 정해진 금액만을 부담하므로 예산 관리와 유동성 측면에서 유리하다.

2) DC형의 단점

① 불확실성 : 퇴직금 액수가 고정되지 않으므로, 임직원은 퇴직 시 받게 될 금액이 변동할 수 있다. 투자 성과에 따라 퇴직금이 달라질 수 있기 때문에 임직원 입장에서 예측하기 어려운 부분이 있다.

② 투자 성과 의존 : 퇴직연금의 금액은 투자 성과에 의존하기 때문에, 만약 투자 성과가 좋지 않으면 퇴직금이 예상보다 적을 수 있다. 이 점에서 임직원에게 불안감을 줄 수 있다.

Ⅲ 법인자금을 유용하다. 가지급금

법인과 개인은 법률적 실체가 엄격히 구분된 다른 존재이다. 남의 것이나 다른 곳에 쓰기로 되어 있는 것을 다른 데로 돌려쓰는 것을 유용(流用)이라고 한다. 따라서 법인 자금을 개인적으로 사용하는 것은 문제가 있는 일이고, 이를 가지급금이라고 한다.

1. 법인의 가지급금이 발생하는 이유

가지급금은 법인과 그 주주(또는 임원) 간에 발생하는 불합리한 자금의 유출을 의미하며, 일반적으로 법인의 자금을 주주나 임원이 개인적인 용도로 사용했을 때 발생한다. 가지급금은 법인의 자금을 개인적인 용도로 사용했기 때문에, 세무상 문제가 된다.

  1) **주주(임원)와의 자금 대여** : 법인이 주주나 임원에게 개인적 용무를 위해 대여한 자금이 가지급금으로 처리된다. 이는 대출계약이나 이자 지급 없이 자금을 지급하는 경우 발생할 수 있다.

  2) **과다한 급여 및 상여** : 법인이 주주나 임원에게 급여와 상여를 과도하게 지급하거나, 실제로 필요한 것보다 높은 수준으로 지급하면서 가지급금이 발생할 수 있다.

  3) **비정상적인 경비 처리** : 법인이 개인적인 용도로 경비를 처리한 경우, 예를 들어 개인적인 차량 운행비용 등을 경비로 처리하는 경우 가지급금이 발생할 수 있다.

2. 가지급금이 법인세에 미치는 영향

1) 가지급금이 발생하면 법인이 회수할 수 있는 것인지, 회수할 수 없는 것인지 판단해야 한다. 가지급금을 회수할 수 없다면, 이는 이익을 분여한 것이고 법인은 이를 손금으로 인정받지 못하고 소득의 귀속자는 소득세를 납부하여야 한다.

2) 가지급금에 대해 법인이 이자를 받지 않거나 정상적인 금리(보통 4.6%) 이하로 이자를 받으면, 가지급금에 대한 이자수익을 익금으로 의제하여 법인세를 납부하여야 한다. 이를 인정이자라고 한다. 인정이자 상당액은 소득처분을 통해서 개인의 소득세도 과세될 수 있다. 따라서 가지급금이 있다면 금전소비대차계약을 체결하고 4.6%에 해당하는 이자를 1년 내에 법인에게 입금하는 것이 좋다.

3) 만일 법인이 차입금이 있고 이로 인하여 지급하는 이자비용이 있다면, 가지급금은 더 문제가 된다. 가지급금이 없었다면 차입금도 줄어들고 이자비용도 줄어들었을 것인바 가지급금이 차지하는 이자비용은 손금으로 인정받을 수 없다. 이를 업무무관자산에 대한 지급이자 손금불산입이라고 한다. 따라서 차입금(부채)과 가지급금(자산)이 동시에 있는 경우 법인세의 관리포인트가 많아 진다고 할 수 있다.

3. 가지급금을 없애기 위한 노력

법인의 자금을 주주나 대표가 일시적으로 운용할 수도 있다. 해당 건이 배임 또는 횡령인지 여부는 논외로 하고, 세법은 운용했으면 대가를 받아야 하고, 차입금이 있는 법인은 가지급금을 제거하기 위하여 노력하여야 한다. 가지급금은 주주나 임원 등이 자금이 충분하다면 법인에게 변제하여야 하고, 자금이 부족하다면 법인으로부터 소득(급여, 상여, 퇴직금, 배당, 용역대가, 물품대가)을 받아서 정리하는 것이 일반적인바 장기적인 계획과 설계가 필요하다.

제5절

결산을 마감하다.

I 법인의 부가세를 신고하다.

법인과 개인사업자의 부가가치세 신고 절차는 기본적으로 비슷하지만, 법인의 경우에는 법인세와의 연계가 중요한 반면, 개인사업자는 소득세와의 연계가 더 중요하다. 아래에서 각 경우의 부가가치세 신고 절차의 차이점을 설명한다.

1. 법인과 개인 부가가치세 신고 절차의 차이점

① 법인사업자의 부가가치세 신고 절차

　법인은 부가가치세 신고를 할 때 법인세 신고와의 연계성이 더 중요하다. 법인의 경우 매출액 및 매입액이 법인세의 과세표준에 영향을 주기 때문에 부가가치세 신고와 동시에 법인세 신고에 반영되는 매출 및 매입세액을 고려해야 한다.

② 법인세와의 연계 : 법인은 부가가치세 신고를 마친 후, 법인세 신고서에 부가가치세 신고 결과를 반영하여 매출세액과 매입세액을 정확히 포함시켜야 한다. 수입금액조정명세서를 통해

서 차이내역을 확인할 수 있어야 한다.

③ 세무조정 : 법인은 세무조정을 통해 부가가치세와 관련된 비용처리를 법인세와 조정해야 할 수 있다. 예를 들어, 미수금, 외상매출금, 재고자산과 관련된 부가가치세의 차이도 법인세 신고에 반영된다.

2. 부가가치세 신고의 주요 차이점

항목	법인사업자	개인사업자
세무연계	법인세 신고와 연계	소득세 신고와 연계
세액 환급	법인세 신고 후 부가가치세 환급 가능	소득세 신고와 별개로 부가가치세 환급
세무조정	부가가치세와 법인세 신고 시 세무조정 필요	별도의 세무조정 없이 부가가치세 신고
환급기준	법인세와 연계하여 부가가치세 환급	환급은 부가가치세 신고 후 독립적으로 처리
간편장부	N/A	소규모 사업자는 간편장부 방식 선택 가능

법인과 개인사업자는 부가가치세 신고 절차에서의 차이점이 세무연계성에 있으며, 법인사업자는 법인세 신고와의 연계, 개인사업자는 소득세 신고와의 연계가 중요한 차이이다. 이 외에도 환급과 세무조정의 방식에서 차이가 나기 때문에, 각 사업자의 상황에 맞는 적절한 세무처리가 필요하다.

Ⅱ 법인세를 신고하다.

1. 법인상태 확인

① 중소기업 여부를 확인한다.

② 회계감사 대상 여부를 확인한다. 초도감사 대상이 되는 경우 외부감사인을 선정해야 한다.

③ 임원변경 여부(대표이사 주소변경 포함)를 확인한다. 변경등기 여부를 확인한다.

④ 업종추가, 지점설치 여부를 확인한다.

⑤ 최대주주와 특수관계자 범위를 확인한다.

⑥ 업무용승용차가 있으면 업무전용 보험에 가입했는지 확인한다.

2. 자산·부채 확인

① 대여금, 차입금의 거래처, 이자율, 차입기간, 원리금상환조건, 원천징수시기 도래 여부, 원천징수 여부를 파악하고, 가지급금적수와 차입금적수를 산정한다.

② 매출채권의 2년 이상 경과 여부 및 대손요건구비 내역을 확인한다.

③ 감가상각자산의 종류 신고내용연수를 확인한다.

④ 퇴직금추계액, 감가상각비를 산정하고 회계처리 여부를 결정한다.

⑤ 퇴직연금이 있는 경우 DB형 DC형 여부 및 당기퇴직자 유무를 확인한다.

⑥ 업무용승용차가 있는 경우 보험가입 여부, 주행일지를 확인한다.

⑦ 당기 기납부세액(중간예납, 원천징수)을 확인한다.

3. 미확정비용 정산

1) 기간경과분 이자비용을 계상한 경우 그대로 인정한다. 따라서 별도의 세무조정이 없다.

2) 기간경과분 이자소득을 계상한 경우 원천징수대상은 손금불산입하고 원천징수시기에 익금산입한다. 원천징수시기가 도래한 경우 원천징수 여부를 확인하여 납부한다.

3) 보험료, 임차료 등 기간경과분을 비용처리하고 그대로 인정한다. 따라서 별도의 세무조정이 없다.

4) 미지급비용은 확정된 경우(신용카드회사 미지급비용)를 제외하고 손금불산입한다. 이후 확정되는 시점에 추인한다.

4. 가지급금 및 대여금

1) 가지급금이 있는 경우 약정 이자율에 따라 아래처럼 조정한다.

이자율약정	인정이자	비 고
4.6% 이상	조정 없음	이자를 1년 내 미회수시 소득처분
4.6% 미만	익금산입(배당, 상여)	4.6%와 차액에 대하여 소득처분

2) 차입금이 없는 경우 4.6%만큼 인정이자로 익금산입하고 소득
처분한다. 가지급금인정이자조정명세서(갑)에 이자율을 선택
하여 체크한다.

3) 가지급금이 있고 차입금이 있는 경우 가중평균차입이자율과
4.6%를 비교하여 인정이자로 익금산입하고 소득처분한다. 가
지급금인정이자조정명세서(갑)에 이자율을 선택하여 체크한다.

4) 가지급금이 없는 경우에도 가중평균차입이자율이 월등히 높은
경우 가지급금인정이자조정명세서(갑)에서 당좌대출이자율을
선택하는 것이 좋다.

5) 업무무관자산이 있는 경우 유지·관리 비용은 손금불산입한다.

5. 지급이자

1) 차입금별 이자비용, 이자율, 차입금적수 산정한다.

2) 자금차입거래에서 현재가치할인차금이 있는 경우 설정액을
부인(△유보)하고 상각액을 추인(유보)한다. 지급이자손금불
산입대상 이자에서 제외한다.

3) 유형자산 또는 건설중인자산이 있는 경우 관련 특정차입금 이
자를 유보조정하고 감가상각비율에 따라 추인한다.

4) 가지급금 등 업무무관자산이 있는 경우 지급이자손금불산입
조정을 한다.

6. 퇴직금

1) 퇴직연금이 없는 경우 전체 유보조정하고 잔액변동에 따라 추인한다.

2) DB(확정급여)형인 경우 운용보고서를 검토한 후 보험수리적 손익을 잉여금증감으로 반영한 경우 손금산입 또는 익금산입(기타) 조정 후 한도조정한다. 기업회계기준에 따라 신고조정으로 처리하는 경우가 많다. 2016년 이후 퇴충한도가 0이므로, 2016년 이후 신설법인이라면 퇴충유보잔액은 퇴충시산잔액과 일치한다. 퇴직연금을 추계액보다 더 불입하지 않는 경우 퇴직연금 △유보잔액은 불입액과 일치한다.

3) DC(확정기여)형인 경우 납입액을 비용처리하고 세무조정을 생략한다. 이때 임원에 대한 납입액은 임원퇴직시 한도조정하고 손금불산입(상여) 처리한다. 임원퇴직시 별도의 회계처리가 없으므로 주의하여야 한다.

7. 대손금

대손요건을 검토하고 대손요건 미구비 시 유보조정한다. 채권잔액 및 대손금이 변경되므로 대손금 조정 이후 대손충당금조정을 한다.

8. 배당금수입

수입배당금 익금불산입을 조정시 지급이자 관련 차감액 조정이 있으므로, 지급이자 손금불산입 저정 후에 수입배당금 조정을 한다.

9. 감가상각비

감가상각내용연수와 국세청신고내용연수가 일치하는지 확인한다.

운용리스인 경우 결과적으로 리스료 지급액만큼 손금인정하도록 조정한다.

10. 접대비

1) 경조사비 20만 원 초과분 및 적격증빙 미수취 접대비는 전체 금액을 부인한다.

2) 나머지 접대비에 대하여 한도초과분을 부인한다. 성실신고대상법인 여부 등을 확인한다.

11. 잡손실 세금과공과

가산세, 가산금, 벌금, 벌과금, 추징금 여부를 확인하여 손금불산입 기타사외유출한다.

12. 기부금 조정

비지정기부금을 부인하고 기타사외유출로 소득 처분 후, 법정·지정기부금 한도초과액을 과표에 가산한다.

Ⅲ 초도감사, 부채가 70억 원이 넘으면 ~

1. 회계감사의 의미

회계감사는 회사가 작성한 회계기록에 대하여 독립적 제3자(회계법인 등)가 분석적으로 검토하여 그의 적정 여부에 관한 의견을 표명하는 절차를 말한다. 종래의 회계감사는 주로 허위와 부정을 적발하는 데 주안점을 두었다고 할 수 있다. 그러나 현대의 감사는 허위와 부정 및 오류를 적발하기보다 오히려 회계처리가 적정한가를 확인하고, 재무제표상의 여러 계정을 분석하여 그것이 기업의 재무상태와 경영성과를 적정하게 표시하고 있는지를 확인하는데 있다. 물론 이러한 감사를 통하여 모든 허위나 오류가 반드시 적발되지는 않으나 중요한 허위나 오류는 적발할 수가 있으며, 이를 통하여 이러한 오류나 부정을 예방할 수도 있다.

2. 외부회계감사의 대상

주식회사	유한회사
대형회사 추가 : 자산 또는 매출 500억 원 이상	
4개 중 2개	5개 중 3개
직전 자산총액 120억 원 직전 부채총액 70억 원 직전 매출액 100억 원 직전 종업원 100명	직전 자산총액 120억 원 직전 부채총액 70억 원 직전 매출액 100억 원 직전 종업원 100명 직전 사원수 50명

3. 회계감사 선정기한

1) 감사위원회 의무설치 회사(자산총액 2조원)는 개시 전까지 감사인을 선정하여야 한다.

2) 직전 자산총액 5백억 원 이상 비상장회사 2.14.(+45일)까지 감사인을 선정하여야 한다.

3) 초도 감사는 개시 후 4.30.(+4개월)까지 감사인을 선정하여야 한다.

이때 외부감사인 선정기간까지 회계법인등을 선정하지 않으면 지정감사의 대상이 된다. 지정감사는 감사보수가 비싸고, 감사의 난이도도 높으므로 부채가 70억원보다 크다면, 외부감사 대상여부를 검토하여야 한다.

Ⅳ 주주총회하고 배당금을 받다.

기업이 결산을 마친 후 주주총회에서 배당 결의를 하고 배당금을 지급하는 과정은 다음과 같다. 배당금의 지급시기와 원천징수도 중요한 세무적 사항이므로, 이를 함께 설명한다.

1. 결산 마감

결산은 회사가 한 회계연도 동안의 재무상태를 마감하는 과정으로, 일반적으로 12월 31일에 종료된다. 결산 후, 재무제표를 작성하고, 이를 회계감사를 받거나 외부감사를 수행하여 정확성을 검증한다.

2. 주주총회 개최

결산이 마무리되면 주주총회를 개최하여 배당금 지급 여부 및 배당금 액수를 결의한다. 주주총회는 결산기한 종료 후 3개월 이내에 개최해야 하며, 이사회에서 배당금 지급 여부를 먼저 결정한 후, 주주총회에서 최종 결의를 한다. 배당금 지급 여부와 배당금 액수를 결정하는 것이 중요하다. 주주총회에서는 주주들에게 배당결의에 대한 의결권을 부여하며, 의결을 통해 배당금을 확정한다.

3. 배당금 지급기준일(기준일) 설정

배당을 지급하기 위해서는 배당기준일을 설정해야 한다. 배당기준일은 배당을 받을 주주를 확정하는 날짜로, 주주명부에 주주가 등록된 날을 기준으로 배당금 지급 대상을 확정한다. 주주총회에서 배당기준일을 설정하고, 기준일을 기준으로 주식 보유자가 배당금을 받게 된다.

4. 배당금 지급시기

배당금 지급은 일반적으로 주주총회에서 배당결의 후 1개월 이내에 지급된다. 이는 법적으로 반드시 지급해야 하는 기간은 아니지만, 관행상 결산 후 1개월 이내에 지급되는 것이 일반적이다. 예를 들어, 12월 31일을 결산일로 하는 경우, 3월에 주주총회를 하고 4월 말일까지 배당금 지급이 이루어져야 한다. 배당소득을 그 처분을 결정한 날부터 3개월이 되는 날까지 지급하지 아니한 때에는 그 3개월이 되는 날에 배당소득을 지급한 것으로 보므로 6월에 원천징수하여 7월 10일에는 납부하여야 한다(지급시기 의제).

5. 배당금 원천징수

개인주주에게 배당금 지급하는 경우 원천징수가 필요하다. 원천징수율은 배당금에 대해 15.4%가 일반적으로 적용된다. 이는 소득세 14%와 지방소득세 1.4%를 합한 금액이다. 예를 들어, 배당금이 1,000만 원이라면, 원천징수액은 154만 원이 된다. 이 금액은 주주에게 지급되는 배당금에서 차감된다. 원천징수된 세액은 국세청에 납부되어야 하며, 기업은 배당금 지급일로부터 10일 이내에 원천징수세액을 국세청에 납부해야 한다.

---

tip

2천만 원 이하 금융소득 분리과세 과세종결

분리과세는 매우 큰 혜택이다. 배당소득은 원칙적으로 다음 두 가지 방식 중 하나로 과세된다.

1) 분리과세 : 배당소득이 연 2천만 원 이하라면 기본 세율(15.4%)로 원천징수하고, 종합소득과 합산하지 않음

2) 종합과세 : 배당소득이 연 2천만 원을 초과하면, 다른 종합소득(사업소득, 근로소득 등)과 합산하여 누진세율(6~45%) 적용

배당소득이 2천만 원 이하라면 15.4% 원천징수로 납세 완료(분리과세)할 수 있어 유리하다. 하지만 2천만 원을 초과하면 전액 종합과세 대상이 되므로, 배당정책을 정하여 전략적으로 접근하여야 한다.

소송에 휘말리다.

I 지급명령, 재산명시, 민사소송

기업이 매출채권을 회수하지 못하는 경우, 민사소송이 가장 기본적인 방법이다. 이외에도 다양한 대응 방법이 있다.

1. 내용증명 발송

내용증명은 채권자가 채무자에게 채권의 존재와 변제 요구를 법적으로 확실하게 알리는 방법이다. 내용증명은 소송 전 단계로, 채무자가 받으면 법적 효력이 발생하며, 이후의 소송에서 채권자의 주장을 뒷받침할 수 있는 중요한 증거로 사용될 수 있다. 내용증명 발송 후에도 채무자가 변제하지 않으면 추가적인 법적 조치나 채권추심을 고려할 수 있다.

2. 지급명령과 민사소송

1) 지급명령

민사소송은 일반적으로 6개월에서 1년 이상 오랜시간이 걸린다. 비교하여 지급명령은 민사소송과 동일한 효과가 있지만 ① 채권자의 일방적인 신청으로 바로 진행된다. ② 비용도 저렴하고 기간도 짧다. ③ 지급명이 확정되면 바로 집행권원을 확보할 수 있다. 는 장점이 있다. 지급명령도 민사소송과 같이 강제집행할 수 있다.

2) 소액심판제도

소액심판제도는 소송물가액이 2,000만 원 이하인 사건에 대해 신속하고 간편하게 재판을 받을 수 있는 제도이다. 소액심판제도는 소장이 접수되면 즉시 변론기일을 지정하여 1회의 변론기일로 심리를 마치고 즉시 선고할 수 있다. 소장을 작성하여 피고의 주소지 (개인회사인 경우 사업주의 거주지, 법인회사인 경우 사업장 소재지)를 관할하는 법원에 제출한다. 소장과 서면들을 검토한 후 원고의 물증과 주장 이유가 타당하다는 판단이 내려질 경우 기일을 열지 않고서 사건을 끝낸다. 채무자에게 변제 이행을 권고하는 판결을 직권으로 내린다.

3. 대손세액공제와 대손금

구분	법인세법	부가가치세법
목표	대손금의 손비인정	매출VAT 환급
금액	모든 채권의 약 19%	T/I 채권의 10%
효과	법인세비용 차감 : 세전이익 불변	대손충당금 환입 : 세전이익 증가
절차	정기신고 반영 및 경정청구	정기신고 반영
시기	소멸시효 완성 전까지	5년 이내
비고	회계처리 필요	회계처리 불요

세금계산서 채권의 회수가 불가능한 경우 대손세액공제를 신청하면 미리 납부한 부가가치세를 돌려받을 수 있다. 세금계산서 채권을 포함한 모든 채권의 대손이 확정되면 대손금으로 손금인정받을 수 있다. 법인세법상 '제각사유의 발생'과 '채권회수노력' 입증의 두 가지 요건 모두 충족하여야 한다. 소멸시효를 기다려 대손이 발생했다는 주장은 접대비로 보게 되는바 접대비 한도를 초과한 법인이라면 대손금을 인정받기 어렵다.

Ⅱ 세무조사를 받다.

1. 조사통지서를 받다.

김자영은 중소기업을 운영하며 성실하게 세금을 신고해 왔다고 자부했지만, 어느 날 국세청으로부터 '세무조사 통지서'가 도착했다. 등기우편을 개봉한 김자영은 먼저 조사 유형을 확인했다.

통지서에는 조사 관할이 지방국세청으로 명시되어 있었고, 조사 유형은 '일반정기조사'였다. 만약 '특별조사'였다면 상황은 심각했을 것이다. 특별세무조사는 비정기적으로 실시되며 탈세 혐의가 짙은 경우 국세청이 직접 영치조치를 포함한 강도 높은 조사를 진행하는 유형이다.

김자영은 조사기관이 어디인지도 꼼꼼히 살폈다. 일반적으로 세무조사는 규모에 따라 세무서 조사와 지방(국세)청 조사로 나뉜다.

세무서 조사는 상대적으로 규모가 작은 기업을 대상으로 하며, 비교적 간단한 신고 오류나 가산세 부과를 목적으로 한다. 반면, 지방(국세)청 조사는 중견·대기업이나 탈세 혐의가 있는 기업을 대상으로 하며, 조사의 강도가 훨씬 높다. 이번 조사는 국세청에서 진행하는 것이므로 단순한 실수보다는 전반적인 세무 리스크 점검이 이루어질 가능성이 컸다.

또한, 조사 기간을 확인한 결과, 약 2달간 진행될 예정이었다. 하지만 김자영은 조사가 연장될 가능성도 염두에 두었다. 세무조사는 원칙적으로 정해진 기간 내에 종료되어야 하지만, 추가 자료 요청이나 조사 필요성이 인정될 경우 국세청의 판단에 따라 연장이 가능하기 때문이다. 따라서 조사 연장 가능성을 줄이기 위해 철저한 자료 준비가 필요했다.

세무조사는 사전 준비가 관건이었다. 김자영은 우선 과거 신고 내역을 점검하고, 국세청이 요구할 가능성이 있는 자료를 체계적으로 정리하기로 했다. 또한, 세무사와 함께 조사 연장 가능성을 최소화할 전략을 세우며, 조사 과정에서 발생할 수 있는 문제를 사전에 예측해 대비해 나갔다. 조사 개시일까지 남은 시간이 많지 않았지만, 철저한 준비와 체계적인 대응이 있다면 충분히 대처할 수 있을 것이라 믿었다.

2. 세무조사 통지서를 받으면 해야 할 일

1) 세무조사 통지서 확인

세무조사 통지서에는 세무조사가 이루어질 일자와 대상, 조사 범위 등이 기재되어 있다. 이를 통해 세무조사의 성격과 범위를 파악할 수 있다. 통지서에 명시된 조사기간 내에 충분한 시간을 확보하여야 한다.

2) 대응창구의 일원화

세무조사 통지서를 받았을 때, 세무사와 상담하는 것이 매우 중요하다. 세무사는 세무조사 대응 절차에 대해 정확히 알고 있으며, 세무조사 과정에서 납세자의 권리를 보호하고 세액을 최적화하는 방법을 제시할 수 있다.

3) 조사연장신청 및 선임계제출

조사 대상이 되는 항목에 대한 해명과 자료를 미리 준비하여 세무조사에 대비해야 한다. 필요한 경우, 소명자료나 설명서를 준비하여 제출한다. 조사관의 질문에 성실히 답변하고, 요청된 자료를 빠짐없이 제공하여 세무조사가 원활히 진행될 수 있도록 협조한다.

4) 조사 후 대응

세무조사가 끝난 후, 결과에 대해 과세예고 통지서나 세액 통지서를 받는다. 이때 과세액이나 부가세 등의 내용에 대해 이의가 있을 경우 이의신청을 진행할 수 있다. 세무조사 결과가 부당하거나 불합리하다고 판단되면, 불복 절차를 통해 의견을 제시하거나 행정소송을 제기할 수 있다. 이의신청이나 행정소송을 통해 결과를 변경할 수 있다.

5) 세무정책의 수정

기업의 정책은 이유가 있을 때 수정된다. 특별한 이유없이 정책이 수정되면 기업의 정책은 누더기가 되어버리기 때문이다. 세무조사 결과통지는 좋은 세무정책의 변경사유가 된다. 기업의 시스템을 점검하고 전결규정이나 품의내용을 수정하여야 세무조사의 경험치가 기업으로 내재화 될 수 있다. 또한 한 번 조사받은 기록은 남아 다음 세무조사때도 반드시 등장하게 되는바, 이후 조사의 추징세액을 줄이는 역할도 할 수 있다.

세무조사는 사업자의 입장에서 어렵고 힘든 과정이다. 정당한 주장이라고 하더라도 다른 의견이 있을 수 있는 것이며, 대응여부에 따라 추징세액의 규모가 달라지니 매 순간 긴장하여야 한다. 아울러 거래처 등에게 세무조사로 인한 나쁜 이미지를 전달될지 우려도 있고, 근로자들이 고생할 것을 생각하면 미안해지기도 한다. 또한 세무조사결과로 인한 파생조사가 거래처로 확대될 수 있으므로, 영업에 대한 우려도 생긴다.

Ⅲ 추징세금을 납부하다.

1. 징수유예

일시적인 자금압박의 어려움을 겪고 있는 납세자에 대해서는 징수유예를 통해 9개월 이내의 범위에서 세금납부 기한을 연장하고 있다.

1) 징수유예 사유는 다음과 같다(국세징수법 제15조, 제17조).

① 재해 또는 도난으로 재산에 심한 손실을 입은 경우
② 사업에 현저한 손실을 입은 경우
③ 사업이 중대한 위기에 처한 경우 (자금경색, 노동쟁의 등)
④ 납세자 또는 그 동거가족의 질병이나 중상해로 장기치료가 필요한 경우 등

고지 예정이거나 고지된 국세의 납부기한 또는 체납된 국세의 독촉(최고)기한의 3일 전까지 「징수유예 신청서」를 작성하여 관할 세무서 민원봉사실에 제출하면 적극적으로 검토한 후 승인 여부를 통보한다.

납세담보 제공을 원칙으로 하되 조세일실의 우려가 없다고 인정되는 경우 세액이 7천만 원(생산적 중소기업·5년 이상 장기계속사업자·사회적기업·장애인표준사업장·일자리창출중소기업·재기 중소기업인·상생결제 활용 우수기업·스타트업 기업, 혁신중소기업은 1억 원, 모범납세자는 5억 원, 관세청장이 선정한 종합인증우수업체(AEO)·20년 이상 장기계속사업자는 2억 원) 이하인 경우 납세담보 제공을 면제받을 수 있다.

① 생산적 중소기업 : 수입금액 100억 원 이하의 수출 또는 제조·광업·수산업을 주업으로 하는 법인 또는 개인사업자

② 장기계속사업자 : 동일 사업자번호로 계속하여 5년 이상 사업을 영위하는 법인 또는 개인사업자

③ 사회적기업 : 「사회적기업 육성법」 제2조 제1호에 따라 사회적기업으로 인증받은 내국인

④ 장애인표준사업장 : 「장애인고용촉진 및 직업재활법」 제2조 제8호에 따른 장애인표준사업장으로 인정받은 내국인

⑤ 일자리창출중소기업 : 납세유예 신청일이 속하는 연도의 연평균 상시근로자 수가 직전년도 대비 2%(최소 1명) 이상 증가한 중소기업

⑥ 모범납세자 : 국세청장·기획재정부장관 또는 국무총리 이상 표창 및 훈·포장수상자는 표창일로부터 3년간, 지방국세청장 및 세무서장 표창수상자는 2년간 면제

2. 납세담보와 세금포인트

부여받은 세금포인트를 이용(이용 대상은 개인 및 중소기업인 법인으로서 개인은 1점, 법인은 100점 이상부터 사용 가능)하여 납세담보 면제를 신청한 경우 적립된 포인트당 10만 원에 상당하는 금액(연간 5억 원 한도)에 대하여 납세담보 제공을 면제한다.

납세담보 제공 면제 금액 = Min(적립된 포인트×10만 원, 연간 5억 원)

Ⅳ 불복을 진행하다.

세무조사에 대한 불복 절차는 법적 과정을 거치며 일정한 시간이 소요될 수 있고, 그에 따른 비용도 고려해야 한다. 불복 절차에는 시간과 노력 및 비용이 투입되므로, 불복하지 않고 납부하는 것이 나은 경우를 살펴본다.

1. 세무조사 불복 절차의 시간 소요

세무조사 결과에 불복하려면 여러 단계의 절차가 필요하다. 불복 절차는 크게 과세전적부심사, 심사청구, 행정소송으로 나누어지며, 각 단계마다 시간이 소요된다.

1) **과세전적부심사** : 세무조사 결과에 불복하려면 과세전적부심사부터 진행할 수 있다. 과세전적부심사를 청구하려면 세무조사

결과통지서 또는 과세예고통지서를 받은 날부터 30일 이내에 통지서를 보낸 해당 세무서장·지방국세청장에게 청구서를 제출하여야 한다.

과세전적부심사는 일반적으로 2개월~3개월 정도 소요된다. 과세전적부심사는 세무서에 신청하고, 세무서에서 판단을 내리는데 시간이 걸리며, 추가 서류나 설명을 요청할 수 있다.

조기결정신청제도

세무조사결과통지나 과세예고통지 시 불복을 하지 않을 것이라면 과세전적부심사 청구없이 조기결정(부과)을 신청할 수 있다. 납세자가 「조기결정 신청서」를 제출하면 과세전적부심사 청구기간 내에도 즉시 고지를 받게 되어 가산세 부담 경감 및 조사가 조기 마무리되는 효과가 있다.

2) 조세심판원 심판청구

세무조사로 인한 고지서를 받은 날로부터 90일 이내에 심사 또는 심판청구를 할 수 있다. 심판청구는 세종시에 있는 조세심판원에 청구하는 것이고 3개월~6개월 정도 소요된다. 심사청구는 감사원에 하는 것이고 심사청구와 심판청구 중 하나를 선택해서 진행할 수 있다. 이때는 선결정례를 확인하는 것이 중요하다. 심판원과 감사원은 조직이고 조직은 일관성이 있고, 특별한 사정이 없다면 종례의 결정을 바꾸지 않는 관성이 있기 때문이다. 세무청에서 사건을 검토하고 심사위원회를 통해 결정을 내리기 때문에 시간이 좀 더 걸릴 수 있다.

3) 행정소송

만약 심판청구에서도 불복이 계속될 경우 행정소송을 제기할 수 있다. 행정소송은 3심까지 진행되며 1년~2년까지 걸릴 수 있다. 법원에서 진행되며, 이 과정에서 각종 자료 제출과 법적 절차가 이어진다.

2. 불복하지 않고 납부하는 것이 나은 경우

불복 절차를 거치는 데는 상당한 시간과 비용이 소요된다. 불복하지 않고 세금을 납부하는 것이 나은 경우는 다음과 같다.

1) 불복할 사유가 명확하지 않은 경우

세무조사 결과에 대한 불복이 명확한 근거가 없거나, 법적인 논란이 적은 경우에는 불복 절차를 거치는 것보다 세금을 납부하고 빠르게 해결하는 것이 좋다. 특히, 소액의 세금에 대해서는 불복 절차에 드는 비용이 납부해야 할 세금보다 더 커질 수 있다.

2) 추징세액이 작은 경우

세액이 작은 경우(예 : 수백만 원 이하)에는 불복 절차를 거치는 데 드는 비용과 시간을 고려했을 때 납부하는 것이 더 나을 수 있다. 그러나 이는 처분청의 소액추징을 더 활발하게 유발할 수 있는 바 비용에서만 검토하는 건 타당하지 않을 수 있다.

3) 불복 결과가 불확실한 경우

불복을 거쳐도 결과가 불확실하거나, 예상되는 법적 논란이 많을 경우, 세무서나 국세청에서 법적 정당성을 인정받기 어려운 경우에는 납부하는 것이 더 나을 수 있다.

세무조사에 불복하는 데는 시간과 비용이 많이 들며, 불복을 고려할 때는 예상되는 세액과 소송비용, 시간적인 리스크를 신중하게 평가해야 한다. 세무사의 도움을 받아 불복할 사유가 명확한지, 소송에 걸리는 시간과 비용을 고려한 후 결정을 내리는 것이 중요하다. 또한, 세액이 적거나 불복 절차에서 유리하지 않다고 판단되면 빠르게 납부하는 것이 가산세를 줄이는 방법이 될 수 있다.

법인사업을 성장시키다.

Ⅰ 조세특례? 중소기업감면?

기업의 규모가 커지고 관리가 가능해지면 감면을 들여다보아야 한다. 감면은 사후관리가 따라오고, 사후관리는 엄격하므로 관리가 가능하지 않다면 감면은 정기신고에 반영하지 말고 경정청구 등을 통해 확인받는 것이 현명하다.

세법상 다양한 감면을 요약하면 아래와 같다. 감면요건 위반 등으로 추징당하는 사례가 많으므로 신중히 접근하여야 한다.

감면이란 전체소득의 일정 비율을 제외하는 특례이다. 예를 들어 중소기업특별세액감면은 산출세액의 50%를 산출세액에서 빼준다.

공제란 사용한 금액의 일정 비율을 빼주는 특례이다. 예를 들어 연구 및 인력개발비 세액공제는 연구개발비의 25%를 산출세액에서 빼준다.

1. 공제와 감면

세액 감면 및 공제	내 용
중소기업특별 세액감면	• 해당 업종 확인(음식점업 ×) • 농어촌특별세 비과세 • 최저한세 적용대상 • 투자세액공제와 중복 불가 • 고용증대세액공제 및 사회보험료세액공제와 중복적용 가능
창업중소기업 세액감면	• 해당 업종 확인(음식점업도 가능) • 청년창업중소기업인지 여부 확인 • 농어촌특별세 비과세 • 최저한세 적용대상(100% 감면의 경우 해당 없음) • 투자세액공제, 사회보험료세액공제와 중복 불가 • 고용증대세액공제와는 중복 가능
연구인력개발비 세액공제	• 기업부설연구소 또는 연구개발전담부서 전담 요원 인건비만 가능 • 농어촌특별세 비과세 • 다른 세액공제 및 감면과 중복가능 • 최저한세 적용 대상 아님(중소기업)
통합투자 세액공제	• 농어촌특별세 과세 • 최저한세 적용대상 • 10년간 이월공제 가능
고용증대 세액공제	• 농어촌특별세 과세 • 최저한세 적용대상 • 상시근로자 인원 감소에 따른 추가납부세액 계산 및 검토
사회보험료 세액공제	• 농어촌특별세 비과세 • 최저한세 적용대상 • 상시근로자 인원 감소에 따른 추가납부세액 계산 및 검토

세액 감면 및 공제	내　용
통합고용증대 세액공제	• 기존의 고용증대세액공제, 사회보험료세액공제, 경력단절여성에 대한 세액공제, 정규직 전환, 육아휴직 복귀자 세액공제를 통합함 • 통합고용증대세액공제를 적용할지, 고용증대세액공제 및 사회보험료세액공제를 적용할지 검토 • 사후관리 검토 및 25년 사후관리 개정사항 검토

2. 창업중소기업감면

감면대상 업종으로 창업한 중소기업이 최초로 소득이 발생하는 과세기간부터 5년간 50~100% 감면한다. 이때 상시근로자 증가율 증가에 따라 추가감면을 적용할 수 있으나 고용증대세액공제와 중복적용하지 않으므로 추가감면 받지 않는 것이 유리할 수 있다.

구분	청년	청년 외	비고
과밀억제권역	50%	–	
과밀억제권역 외	100%	50%	신성장 산업은 75%(3년)+50%(2년)을 적용한다(2025년 개정).

1) 감면대상업종

광업, 제조업, 건설업, 통신판매업, 물류산업, 음식점업 등을 말한다.

제조하지 아니하고 제조업체에 의뢰하여 제품을 제조하는 사업으로서 아래를 충족하고 제조업체가 국내인 경우 제조업으로 포함한다(조특령 5 ⑥).
① 생산할 제품을 직접 기획(고안·디자인 및 견본제작 등을 말한다)할 것
② 해당 제품을 자기명의로 제조할 것
③ 해당 제품을 인수하여 자기책임하에 직접 판매할 것 [본조신설 2017.3.17.]

2) 수도권과밀억제권역

서울특별시, 하남시, 고양시, 수원시, 성남시, 안양시, 부천시, 광명시, 과천시, 의왕시, 군포시, 의정부시, 구리시 인천광역시(일부 제외), 남양주시(일부), 시흥시(일부)를 말한다(수도권정비계획법 시행령 별표1).

3) 청년이란?

법인의 경우 지배주주등으로서 해당 법인의 최대주주 또는 최대출자자가 청년(15세 이상 34세 이하)이어야 하며, 공동사업장의 경우에는 손익분배비율이 가장 큰 사업자(손익분배비율이 가장 큰 사업자가 둘 이상인 경우에는 그 모두를 말한다)가 청년 요건을 충족하는 기업을 말한다.

4) 창업이란?

창업이란 이전에 동일업종 사업자등록이 없어야 한다. 다른 사업을 승계하면 안된다. 동일업종 법인의 대표자여도 안된다. 창업의 개념은 다툼이 많고 민감한 부분이므로 감면은 항상 사후관리가 필요하다고 여기고 신중히 접근하여야 한다. 사견에는 정기신고시 감면을 적용하지 않고, 3년 또는 5년마다 경정청구를 통하여 사실관계가 충분히 증명되고 난 이후에 감면을 적용하는 것이 좋다고 여겨진다.

3. 벤처기업감면

창업 후 3년 이내 벤처기업으로 확인받은 기업(창업벤처중소기업)의 경우에는 그 확인받은 날 이후 최초로 소득이 발생한 과세기간부터 5년간 50% 감면한다.

벤처기업여부를 벤처확인종합관리시스템 〉 벤처공시 〉 벤처확인기업공시 〉 벤처기업상세정보에서 확인할 수 있다.

> **조세감면과 구분경리**
>
> 법인세가 감면되는 사업과 기타의 사업을 구분하여 경리하여야 한다 (법인세집행기준 113-0-1). 구분경리를 할 때에는 구분하여야 할 사업 또는 재산별로 자산·부채 및 손익을 각각 독립된 계정과목에 의하여 구분기장하여야 한다. 다만, 각 사업 또는 재산별로 구분할 수 없는

공통되는 익금과 손금은 그러하지 아니하다. 이 경우 업종의 구분은 한국표준산업분류에 의한 소분류에 의하되, 소분류에 해당 업종이 없는 경우에는 중분류에 의한다(법인세법 시행규칙 제75조).

Ⅱ 직원을 더 뽑다. 고용증대세액공제

김자영은 사무실 창밖을 바라보며 깊은 생각에 잠겼다. 서류 더미 사이에서 수많은 결정을 내리던 시간이 지나고, 이제는 새로운 국면에 접어든 듯했다. 처음에는 혼자서 모든 것을 감당했고 직원은 단순한 보조자였다. 그러나 이제는 권한을 이양하고 조직을 만들어야 할 때였다. 김자영은 대기업에서 10년간 근무해 봐서 조직의 힘을 잘 알고 있다. 조직간의 갈등도 잘 알고 있다. 사람을 적재적소에 배치하는 것이 얼마나 중요한지 알고 있으므로 절대 실수하지 않을 것이라고 다짐했다.

1. 통합고용증대세액공제

법인(소비성서비스업 제외)의 상시근로자 수가 직전년도 보다 증가한 경우에는 다음 금액을 2년간(중소기업 및 중견기업의 경우에는 3년) 법인세에서 공제한다(조특법 제29조의8 제1항 및 조특령 제26조의8 제1항, 제2항).

2. 공제금액

구분	중소기업		중견	일반
	수도권	수도권 외		
청년	1,450만 원	1,550만 원	800만 원	400만 원
청년 외	850만 원	950만 원	450만 원	

3. 상시근로자 수

상시근로자(Regular Worker)는 해당 사업장에서 일정 기간 동안 계속 근무한 평균 근로자 수를 의미한다. 사업장 규모에 따라 법적 의무(예 : 조세특례, 퇴직연금 가입, 중대재해처벌법 적용 여부 등)를 판단할 때 사용되고 통상적으로 1년 중 6개월 이상 매월 60시간 이상 근무한 근로자의 평균 인원을 기준으로 산정한다. 이때 회사의 임원, 최대주주의 가족 등을 제외한다.

통상근로자

통상근로자는 주 40시간 이상 일하는 근로자이다. 통상근로자보다 적게 일하면 단시간근로자가 되고, 주 15시간 일하면 초단시간근로자가 된다.

① 통상근로자 (Full-time Worker)
일반적으로 법정 근로시간(1주 40시간)을 기준으로 근무하는 근로자를 의미함.
근로기준법상 모든 적용을 받으며, 정규직 및 비정규직 근로자를 포함할 수 있음.

② 단시간근로자 (Part-time Worker)

1주 소정근로시간이 같은 사업장 내 통상근로자의 1주 소정근로시간보다 짧은 근로자.

예를 들어, 주 15시간 이상 35시간 미만 근무하는 경우 단시간근로자로 간주됨.

통상근로자와 비교하여 근로시간이 짧지만, 근로기준법상 보호를 받음.

최저임금, 연차휴가, 4대 보험 가입 등이 적용될 수 있음.

③ 초단시간근로자 (Very Short-time Worker)

1주 소정근로시간이 15시간 미만인 근로자.

근로기준법 일부 규정이 적용되지 않음(예 : 연차유급휴가 미적용).

4대 보험 중 국민연금·고용보험 가입이 의무가 아님(본인이 원하면 가입 가능).

4. 감면세액 추가납부

전년도보다 상시근로자 수 또는 청년상시근로자 수가 감소하면 세액공제 중단하고 추가납부세액을 납부하여야 한다. 고용증대세액공제는 중소기업이 직원 수를 증가시킬 경우, 세액을 경감해 주는 제도이다. 이를 통해 근로자 수가 증가하면 세액공제를 받을 수 있다. 추징이 발생하는 경우는 주로 고용이 지속되지 않거나 공제 요건을 충족하지 않은 경우이다. 따라서, 공제를 받았다면 고용을 유지하는 것이 중요하며, 직원 수의 감소나 변동이 생긴다면 사후관리에 주의해야 한다.

Ⅲ 성실신고 대상 법인?

법인의 경우 개인과 달리, 규모가 작을수록 성실신고 대상이 되는 경우가 많다. 성실신고 확인대상인 소규모 법인 또는 법인전환 사업자 등은 성실한 납세를 위하여 법인세 신고 시 비치·기록된 장부와 증명서류에 의하여 계산한 과세표준 금액의 적정성을 세무대리인이 확인하고 작성한 성실신고확인서를 함께 제출하여야 한다.

1. 해당 사업연도에 아래의 소규모 법인 요건

① 부동산임대업을 주된 사업으로 하거나, 부동산 등의 권리 대여·이자·배당소득금액 합계액이 기업회계기준에 따라 계산한 매출액의 50% 이상
② 상시근로자 수가 5명 미만 (최대주주 등과 친족관계인 근로자, 근로소득세 원천징수사실이 확인되지 않은 근로자, 근로계약 1년 미만 근로자, 단시간 근로자는 제외)
③ 사업연도 종료일 현재 지배주주 및 특수관계자 지분합계가 전체의 50% 초과

외감법에 따라 외부감사를 받은 법인은 성실신고 대상에서 제외한다. 외감법이 아닌 공정위 감사나 외감법에 따라 감사받았다 하더라도 의견거절 등인 경우 성실신고 대상에서 제외되지 않는다.

소득세법상 개인 성실신고확인대상사업자가 사업용 유형자산 및

무형자산의 현물출자 및 사업의 양도·양수 방법에 따라 내국법인으로 전환 후 사업연도 종료일 현재 3년 이내의 내국법인도 성실신고 대상 법인에 포함한다(사전-2020-법령해석법인-1147, 2020.12.24.).

2. 성실신고 법인의 특례

1) 접대비, 업무용승용차 한도 축소

접대비 손금한도 50% 축소하고 업무용승용차 운행기록 없이 전액 비용 인정하는 한도 축소(1,500만 원 → 500만 원) 및 감가상각비·처분손실 연간 한도 축소(800만 원 → 400만 원)한다.

2) 최저세율 인상 (9% → 19%, 2025년 개정)

일반법인은 2억 원 이하 9%, 200억 원 이하는 19%의 법인세율을 적용한다. 그러나 성실신고확인대상 법인은 200억 원 이하에서 19%의 세율로 과세한다(법인법 제55조 제1항).

3) 성실신고확인서 제출

성실신고확인대상 내국법인은 법인세법 제60조에 따라 법인세의 과세표준과 세액을 신고하는 경우 성실신고확인서를 제출하여야 한다.

4) 신고기한 연장

성실신고확인대상 내국법인이 성실신고확인서를 제출하는 경우 법인세의 과세표준과 세액을 각 사업연도의 종료일이 속하는 달의 말일부터 4개월 이내에 납세자 관할 세무서장에 신고·납부하여야 한다.

5) 성실신고 세액공제

성실신고확인대상인 내국법인이 성실신고확인서를 제출하는 경우에는 성실신고 확인에 직접 사용한 비용의 100분의 60(150만 원 한도)에 해당하는 금액을 해당 과세연도의 법인세에서 공제한다.

Ⅳ 상여금을 지급하다.

근로자에 대한 상여금을 지급하는 기업에서의 절차와 규정, 원천징수, 4대보험 관련 사항에 대해 설명한다.

1. 상여금 지급 절차

근로자에 대한 상여금 지급 절차는 일반적으로 다음과 같은 과정을 따른다.

1) **상여금 규정 수립** : 기업은 상여금 지급에 관한 사내 규정을 마

련해야 한다. 이는 상여금 지급의 기준, 지급 주기, 지급 대상자, 지급 비율 등을 명시하는 문서이다.

2) **상여금 지급 기준 설정** : 규정에 따라 상여금 지급 기준을 설정한다. 예를 들어, 성과 기반으로 지급하거나 정기적으로 지급할 수 있다.

3) **상여금 지급** : 지급 기준에 맞춰 상여금을 지급하고, 급여와 함께 또는 별도로 지급된다.

2. 원천징수 및 4대보험

상여금을 지급할 때 발생하는 원천징수와 4대보험에 관한 처리는 다음과 같다.

1) 원천징수

상여금은 소득세법에 따라 근로소득으로 간주되므로 원천징수가 필요하다. 이를 위해 기업은 상여금을 지급할 때 근로소득세를 미리 공제하여 국세청에 납부해야 한다.

2) 4대보험

상여금 지급 시에도 4대보험(국민연금, 건강보험, 고용보험, 산재보험)의 적용이 필요하다.

4대보험 적용 : 상여금은 근로소득에 포함되기 때문에 국민연금과 건강보험의 보험료가 적용된다.

3. 소득세 및 4대보험 정산

상여금을 지급한 이후에는 연말정산을 통해 정산을 해야 한다.

1) **연말정산** : 상여금에 대해 연말정산을 통해 실제로 납부해야 할 세액을 계산하고, 이미 납부된 원천징수 세액과 차액을 정산한다. 만약 원천징수가 과다하게 이루어졌다면 환급을 받을 수 있다. 반대로, 부족하게 원천징수가 되었다면 추가납부가 필요하다.

2) **4대보험 정산** : 4대보험의 경우, 상여금이 포함된 총 급여에 대해 연말정산 시 4대보험료도 정산된다. 이때 상여금에 대해 미처리된 보험료가 있다면 이를 추가로 납부하거나 환급받을 수 있다.

4. 임원상여금의 손금인정 요건

임원의 보수(퇴직금 포함)는 한도와 규제가 있는 비용이고, 한도를 정하기 위해서는 절차가 필요하다.

1) 임원의 보수와 정관

법인 정관의 기초가 되는 상법 중에 제388조(이사의 보수) 규정을 살펴보면 "이사의 보수는 정관에 그 액을 정하지 아니한 때에는 주주총회의 결의로 이를 정한다."라고 되어 있다.

때문에 대다수 법인은 이사의 보수(급여 및 상여금) 및 퇴직금을 정관에서 주주총회 결의로 정한다고 명시하고 있다. 이로 인하여 주주총회의 결의 없는 이사회의 결의 또는 특별한 절차없이 임원에게 급여 또는 상여금을 지급한 경우 세무상 중대한 문제가 발생할 수 있다.

2) 이사회 의결 및 주주총회 승인

임원의 보수는 주주총회의 결의 또는 주주총회의 결의에 의하여 위임한 이사회에서 지급기준을 정하여 지급을 하여야 한다. 이를 위하여 정관에는 아래처럼 정비하는 것이 좋다.

> 제X조【이사 및 감사의 보수와 퇴직금】① 이사와 감사의 보수(상여금 포함, 퇴직금 제외)는 주주총회의 결의를 거친 임원 보수지급규정에 의한다.
> ② 이사와 감사의 퇴직금의 지급은 주주총회 결의를 거친 임원 퇴직금지급규정에 의한다.

임원의 급여지급기준은 한도가 되므로 실제 지급하는 금액보다 크게 정해두어야 한다. 예를 들어 임원을 수익자로 하는 보험료를 법인이 부담하는 경우 정관·주주총회 또는 이사회의 결의에 의하여 결정된 급여지급기준에 의하여 지급하는 범위 내에서 각 사업연도 소득금액 계산상 손금에 산입하고 해당 임원에 대한 급여로 처리를 할 수 있으나 임원에 대한 보수 중 정관이나 주주총회의 결의에 의하여 정하여진 한도액을 초과하는 것은 손금으로 인정되지 않기 때문이다.

5. 임원상여금 규정

법인이 임원에게 지급하는 상여금 중 정관·주주총회·사원총회 또는 이사회의 결의에 의하여 결정된 급여지급기준에 의하여 지급하는 금액을 초과하여 지급한 경우 그 초과금액은 이를 손금에 산입하지 아니한다. 법인세법 시행령 제43조 제2항의 규정에 의하여 임원에 대한 상여금을 지급하면서 주주총회 등의 결의가 없는 경우 손금에 산입할 수 없다. 또한 정관의 위임에 의하여 상여금을 주주총회 결의로 지급하였더라도 그 금액에 대한 개별적이고, 구체적인 지급기준이나 성과평가방법 등이 규정되어 있지 않은 경우 이익처분에 의한 상여금 지급으로 보아 손금불산입 당할 수 있다(조심 2008서3044, 2008.12.30.).

Ⅴ 직원이 퇴직하다.

직원에게 퇴직통보를 할 때는 법적 절차와 적정한 방식을 준수하여야 한다. 퇴직금을 더 지급하는 조건으로 직원에게 퇴직을 요청하는 방식도 일부 허용될 수 있으나, 그 과정에서 주의할 점이 있다.

1. 퇴직통보 절차

직원에게 퇴직을 통보하는 절차는 크게 두 가지로 나눌 수 있다.

1) 자발적 퇴직

직원이 스스로 퇴직을 원할 경우, 사직서를 제출하도록 하여 자발적 퇴직 절차를 따른다. 이때 사직서의 날짜와 사유를 명확히 기재하도록 요청하는 것이 좋다.

2) 자발적 퇴직을 유도하는 경우

직원에게 퇴직을 요청하고 싶을 때는 협의를 통해 자발적 퇴직을 유도할 수 있다. 예를 들어, 퇴직금을 추가 지급하는 조건으로 퇴직을 요청하는 방법이 있을 수 있다. 이 경우 협상의 과정이 필요하다.

3) 강제 퇴직 (해고)

만약 직원이 자발적인 퇴직에 동의하지 않는 경우, 강제 퇴직(해고)이 필요한 상황이 발생할 수 있다. 해고는 법적으로 매우 까다롭고, 해고 사유와 절차가 엄격하게 규정되어 있기 때문이다. 이를 무시하고 해고하면 부당해고로 간주될 수 있다. 해고를 진행하려면 정당한 사유(예 : 경영상의 이유, 근로계약 위반 등)가 있어야 하며, 해고 예고 기간(통상 30일 전 예고 또는 예고수당 지급)을 준수해야 한다.

2. 주의사항

퇴직금이나 추가 지급 조건으로 직원을 퇴직시키는 경우, 직원이 자발적인 퇴직에 동의하지 않으면 강제로 퇴직시키는 방식으로 진행할 수 없다. 강제 퇴직이 필요할 경우 해고 절차를 따르며, 부당해고가 되지 않도록 주의해야 한다.

퇴직금을 더 주는 조건으로 퇴직을 요청할 때는 동의서를 받거나, 직원이 명확하게 퇴직을 결정했다는 서면 합의가 필요하다.

> **tip**
>
> **권고사직의 영향**
>
> 권고사직이란 직원에게 자발적인 퇴직을 유도하는 형태로, 법적으로는 자발적인 사직으로 간주되지만, 실제로는 회사가 직원에게 퇴직을 권유하는 방식이다. 이 경우 회사에 불리한 점이 있을 수 있으며, 보조금 대상에서 제외되는 경우도 있을 수 있다. 특히 보조금 및 지원금과 관련된 부분에서 제외될 수 있는 상황이 발생할 수 있다. 또한, 법적 리스크와 회사 이미지에도 영향을 미칠 수 있으므로, 권고사직을 신중하게 진행해야 하며, 필요시 법적 자문을 받는 것이 좋다.

Ⅵ 임원이 퇴직하다.

임원이 퇴직할 경우 퇴직금에 대해 한도초과와 근로소득 의제 및 퇴직소득으로 처리되는 문제는 세무적 이슈이다. 이와 관련한 규정을 잘 이해해야만 정확한 세무조정과 신고가 가능하다.

1. 퇴직금 한도초과와 근로소득 의제 퇴직소득 정산

퇴직금 지급 시, 임원의 퇴직금은 일반 근로자와 다른 규정이 적용된다. 특히, 퇴직금 한도초과 부분은 근로소득으로 의제되기 때문에 별도의 세무적 처리가 필요하다.

1) 퇴직금 한도초과

퇴직금의 한도초과란 퇴직금이 법정 한도를 초과하는 경우이다. 법정 퇴직금 한도는 근로기준법에 의해 정해져 있으며, 이를 초과하는 퇴직금은 과세대상이 된다. 한도초과 퇴직금은 근로소득으로 의제되며, 이 경우 근로소득세가 부과된다. 또한, 한도초과 퇴직금은 퇴직소득이 아닌 근로소득으로 간주되어, 세액 계산 시 일반적인 근로소득세 계산방식을 적용하게 된다.

2) 근로소득 의제 퇴직소득

퇴직금이 한도를 초과하면, 초과된 금액은 퇴직소득이 아닌 근로소득으로 처리된다. 이에 따라, 퇴직금 초과 부분은 퇴직소득세가 아닌 근로소득세로 과세된다.

근로소득세는 원천징수를 통해 처리되며, 종합소득세 신고 시 세액 정산이 이루어진다. 퇴직금의 한도를 초과하는 부분은 과세대상 퇴직소득으로 보고 퇴직소득세를 계산한 후, 나머지는 근로소득으로 처리하여 근로소득세를 계산한다.

2. 퇴직연금 형태에 따른 한도초과 계산 방법

퇴직연금의 형태는 크게 DB형(확정급여형)과 DC형(확정기여형)으로 나뉜다. 각각에 대해 한도초과를 계산하는 방법은 조금씩 다르다.

1) DB형 퇴직연금(확정급여형)

DB형은 미리 정해진 금액이 퇴직금으로 지급되는 형태이다. 이 경우 퇴직금 한도는 근로기준법에 의거하여 계산되며, 초과된 금액이 근로소득으로 처리된다. 한도초과 계산은 퇴직금 지급액에서 법정 퇴직금 한도를 뺀 금액이 한도초과액으로 간주된다. 이 초과액은 근로소득으로 처리되어 근로소득세로 과세된다.

2) DC형 퇴직연금(확정기여형)

DC형은 회사가 정한 기여금에 따라 퇴직연금이 축적되고, 퇴직 시 지급액이 결정되는 형태이다. 이 경우 기여금의 한도가 퇴직금의 한도와 밀접하게 연관된다. 한도초과 계산은 퇴직연금의 총액에서 법정 한도를 초과하는 금액을 계산하는 방식이다. 만약 퇴직연금의 적립금이 법정 한도를 초과했다면, 초과된 부분은 근로소득으로 간주하여 세액이 부과된다.

3. 세무조정 및 정산 절차

한도초과 퇴직금에 대해 근로소득세가 부과되면, 그에 대한 세액을 원천징수 해야 한다. 이때, 퇴직금의 초과 부분에 대해 소득세 신고와 4대보험 정산이 필요한다. 만약 임원 퇴직소득이 초과되었을 경우, 근로소득으로 의제되며 이를 포함하여 퇴직소득세 및 근로소득세를 세무조정 해야 한다.

Ⅶ 사내근로복지기금을 설립하다.

근로자에게 급여인상은 사회보험과 퇴직금의 부담도 함께 증가하는 것으로 급여인상에 대한 어려운 점이 있다. 사내근로복지기금은 근로자의 복지 증진을 위해 설립되는 기금으로, 기금을 통하여 근로자에 복지 등 처우를 개선하는 경우 세제상 혜택이 있다.

1. 절차 및 방법

1) 회사와 별개의 사내근로복지기금 법인을 설립

설립절차는 준비위원회 구성 〉 준비위원회개최 〉 설립인가신청 〉 설립등기 〉 고유번호증(또는 사업자등록증)발급 〉 기금법인 명의 계좌개설로 이루어진다.

2) 출연금 비용인정

개정 전 기부금으로 보아 한도의 적용이 있었으나 개정으로 전액 손금인정이 가능하다(법령 제19조 제22호).

2) 기금이 출연받는 재산은 비과세증여재산에 해당한다(상증법 제46조 제4호) 기금으로부터 근로자가 받는 치료비, 학자금, 장학금도 증여세가 비과세된다(서면상속증여 2020-597 2020.5.26.).

2. 기금의 운용

1) 기금수혜대상

사업장에 재직 중인 근로기준법에 따른 근로자여야 한다. 기금의 정관으로 수혜대상을 근로자의 가족까지 확대할 수 있다.

2) 목적사업 허용 여부

① 무주택근로자를 대상으로 주택구입, 임차자금 지원 또는 대부
② 저소득 근로자의 신청과 심사를 통한 생활안정자금의 대부
③ 근로자와 자녀의 장학금, 입학금 지급
④ 직원의 교육료, 근로자의날 행사운용비, 연극, 영화, 공연, 스포츠게임 관람료 지원
⑤ 사내동호회 운영비 지원 등 실제 체육문화활동에 소요된 경비 지원
⑥ 기숙사, 휴양콘도미니엄, 체육시설 취득 및 운영지원(사원주

택, 일반아파트를 구입하여 기숙사로 활용하는 것은 허용되지 않는다)

3. 주의사항

사내근로복지기금은 임금(급여)을 지급할 수 없으며, 이사는 기금의 운영과 관련된 사항을 담당한다. 전직원에게 일률적으로 주택자금, 임차자금의 명목으로 금품을 지급하는 것은 허용되지 않는다. 또한 직원이 아닌 자, 불우이웃 등에 대한 장학금 지급도 허용되지 않는다. 기금의 설치를 이유로 기존 사내근로복지제도의 운영을 중단하거나 감축하는 경우도 같다. 기금의 운영과 관련한 시정명령 등을 위반하는 경우 과태료 또는 1년 이하의 징역 또는 1천만원이하의 벌금이 부과될 수 있다.

제 **4** 장

법인의
인수와 개발

법인을 인수하다.

❶ 인수절차 및 고려사항

주식을 인수하여 기업을 인수하는 과정에서는 고려해야 할 점들이 있다. 특히 비상장주식을 고를 때는 신중한 판단이 필요하며, 관련된 세금 및 규제도 잘 살펴봐야 한다. 주식 인수 시 고려해야 할 점들을 비상장주식 고르는 방법, 간주취득세, 증권거래세, 주식등변동상황명세서 수정으로 나누어 설명한다.

1. 비상장주식 고르는 방법

비상장주식은 상장된 주식에 비해 정보가 부족하고, 거래가 활발하지 않기 때문에 인수 시에 더 많은 리스크가 따른다.

1) 기업의 재무상태 확인

비상장기업의 주식을 인수할 때 가장 중요한 점은 해당 기업의 재무상태를 철저히 분석하는 것이다. 이는 회계 실사(Due Diligence) 과정을 통해 이루어지며, 기업의 자산, 부채, 수익성 등을 면밀히 검토해야 한다. 재무제표를 확인하고, 세무 리스크 및 기타 부채나 법적 문제가 없는지 확인해야 한다.

2) 산업 및 시장 분석

기업이 속한 산업 및 시장 환경을 고려해야 한다. 해당 기업이 어떤 산업 내에서 경쟁하고 있는지, 시장 성장 전망은 어떤지에 대한 분석이 필요하다.

3) 매매계약서 및 법적 리스크

비상장주식을 인수할 때 매매계약서의 세부 사항을 확인해야 하며, 특히 기타 법적 리스크(소송, 특허권, 계약 위반 등)가 있는지 살펴봐야 한다. 매매계약서에 우발적인 책임을 포함할 수 있는 조항이 있는지도 중요한 부분이다.

2. 간주취득세, 증권거래세

비상장주식을 인수할 때 관련된 세금을 살펴보면, 간주취득세와 증권거래세가 중요한 세금 항목이다.

1) 간주취득세

간주취득세는 비상장주식을 인수할 때 취득세가 부과되는 항목으로, 주식을 취득하는 자가 해당 기업의 자산을 일정 비율 이상 취득한 경우에 적용될 수 있다.

2) 증권거래세

증권거래세는 주식을 양도하는 자, 즉 양도자가 부담하는 세금이다. 양수자는 증권거래세를 부담하지 않는다. 이는 증권거래세법 제3조에 명시되어 있다.

3. 주식등변동상황명세서 수정

기업이 비상장주식을 인수하고 나면, 주식등변동상황명세서를 수정해야 할 경우가 발생할 수 있다. 주식등변동상황명세서는 주식의 변동 사항을 기록한 문서로, 기업 내 주주 및 주식 구조 변화를 반영하기 위해 작성된다.

1) 주식 인수 후 신고 : 비상장주식을 인수한 경우, 기업은 주식등변동상황명세서를 업데이트하여 주식의 변동 사항을 제출한다. 이는 주식 취득 후 일정 기간 내에 완료해야 한다.
2) 주식 변경 사항 기록 : 새로운 주주의 정보(이름, 취득한 주식 수 등) 및 주식의 취득 가격 등을 명세서에 기록한다.

Ⅱ 지분양도자와 양수자의 세금

다른 회사의 주식을 인수할 때 세금 부담은 양수인(주식을 사는 사람)과 양도인(주식을 파는 사람)으로 나누어 분석할 수 있다.

1. 양수인(주식을 사는 사람)의 세금 부담

세목	과세 여부	설명
취득세	없음	주식 취득은 취득세 과세대상이 아니다.
소득세	없음	주식을 취득하는 것 자체로 소득세 부담은 없다.
법인세	조건부 부담	법인이 주식을 저가(시가보다 현저히 낮은 금액)로 취득하면 부당행위 계산 규정에 따라 증여이익이 법인세 과세대상이 될 수 있다.
부가세	없음	주식 거래는 부가가치세 과세대상이 아니다.

1) 배당소득세 : 양수인이 주식을 취득한 후 배당을 받으면 배당소득세(개인 15.4%, 법인 법인세 과세)가 부과될 수 있다.

2) 의제배당 과세 : 법인이 주식을 취득하는 과정에서 법인세법상 의제배당(자본감소, 합병 등으로 인한 배당)으로 간주되는 경우 세금 부담이 발생할 수 있다.

2. 양도인(주식을 파는 사람)의 세금 부담

세목	과세 여부	설명
취득세	없음	주식을 양도하는 행위는 취득세와 무관함.
소득세 (양도소득세)	있음 (개인)	– 상장주식 : 대주주(1% 이상 보유 또는 일정 금액 이상)만 양도세 과세됨. – 비상장주식 : 일반적으로 양도소득세 부과 (10~25%)
법인세	있음 (법인)	법인이 주식을 양도하면 양도 차익은 법인세 과세 대상
부가세	없음	주식 거래는 재화의 공급이 아니므로 부가세 과세 대상 아님.

1) **개인이 비상장주식을 양도할 경우** : 특수관계인 간 거래 시 시가보다 저가 양도하면 증여세가 부과될 수 있다.

2) **법인이 보유한 주식을 양도할 경우** : 법인세법상 사업연도 소득으로 포함되어 법인세 과세된다.

개발사업을 진행하다.

■I■ 개발사업 부지를 매입하다.

　서울 및 경기도 기준으로 200평 이상의 대지가 있으면 개발사업의 사업성이 나올 수 있다. 200평은 다가구주택과 다세대주택을 나누는 대지면적이다.

1. 토지매입 전 사업성을 검토해야 한다.

　사업성 검토는 토지매입에 대한 의사결정을 위한 검토이다. 사업성이 있는 평당 토지대를 구하는 것을 목적으로 하고, 사업 부지가 이보다 저렴하면 본격적인 사업성 검토를 하게 된다.

　예를 들어 사업 부지가 200평인 경우 토지대가 평당 2,000만 원일 때 주변 분양가가 6,250만 원인 경우 초기 사업성 검토는 아래처럼 진행된다.

　용적률은 해당 지자체의 조례를 확인해야 하지만 2종 일반주거지역인 경우 대략 200%라고 보자. 지상 건축 연면적은 400평(사업부지면적×용적률)이다. 지하층 건축 연면적은 지하주차장을 얼마나 확보하느냐에 따라 다르겠지만 통상 지상층 연면적의 25%~

30%이다. 여기서는 100평으로 가정하자. 이 경우 전체 연면적은 500평이 된다.

평당 공사비는 전체 연면적이 클수록, 지하층 연면적이 많을수록 저렴해진다. 지하층의 공사비가 지상층의 공사비보다 저렴하고, 연면적이 클수록 일의 효율성이 커지기 때문이다. 물론 시공사의 공사비는 실제 공사물량이나 마감수준 또는 물가수준, 물가인상 등에 따라 차이가 있겠지만 편의상 평당 공사비를 1,200만 원으로 가정하자. 공사비 외의 사업비는 26억 원으로 가정한다.

아파트의 경우 전체 연면적에서 공급면적(전용면적+주거공용면적)만 분양가를 받을 수 있다. 상가나 오피스텔은 "주택공급에 관한 규칙"의 적용을 받지 않기 때문에 분양면적이나 계약면적에 평당 단가를 곱한 금액이 분양가가 된다(건분법 제9조 제1항 제3호). 통상 전체 연면적의 80% 정도를 공급면적으로 보자.

이 경우 총 분양수입은 200억 원(200평×200%×80%×6,250만 원)이다. 주택사업의 개발이익은 7% 정도이므로 분양원가의 한도액은 186억 원(200억 원×93%)이 된다.

연면적 평당 공사비 1,200만 원 및 간접비 520만 원(26억 원 ÷ 500평)이므로 토지비를 제외한 분양원가는 86억 원(1,720만 원 ×500평)이고 토지비로 지급할 수 있는 금액의 한도는 100억 원(186억 원 - 86억 원)이며 사업부지 면적이 1,000평이므로 평당토지가격은 5천만 원이 나온다. 이 금액이 시행자가 토지소유자들에게 제시할 수 있는 최고금액이 된다.

2. 개발사업의 차주는 법인이 된다.

개발이익은 수십억이 넘는 규모를 가정하므로 개인보다 법인이 개발사업의 시행자가 되는 것이 적합하다. 개인으로 개발자금의 대출이 어려운 것도 법인으로 개발사업을 진행하게 되는 다른 이유이다. 분양 및 인·허가 리스크가 크므로 유한책임을 지는 법인으로 진행하는 것이 여러모로 타당하다.

3. 차입금이 있으면 대여금은 없어야 한다.

토지의 취득 및 공사비의 지급을 위해 차입이 발생하면 차입금이자가 생길 것이다. 세법은 지급이자에 대한 다양한 규제를 두고 있다. 우선 대여금 등 업무무관자산이 있는 경우 해당 비율이 차지하는 이자 비용을 부인한다(지급이자 손금불산입). 또한 대여금 등을 특수관계자 등에게 빌려준 경우 4.6%의 이자를 받지 않으면 이자를 받은 것으로 보아 법인세를 과세한다(인정이자 익금산입).

따라서 남의 돈을 빌려서 다른 사람에게 빌려주는 행동은 매우 위험하다. 대여금 등 업무와 관련없는 자금거래가 없도록 주의하여야 한다.

4. 법인의 지분을 정리하고 토지의 잔금을 치루어야 한다.

간주취득세 규정등으로 인하여 주식의 이동에 대하여 예측하지 못한 세금이 발생할 수 있다. 따라서 개발법인의 지분을 확정하고 토지를 취득하는 것이 중요하다. 이때 잔금을 6월 이후에 치른다면 당해연도 보유세(재산세 및 종합부동산세)는 염려하지 않아도 될 것이다.

5. 건물의 부가가치세

건물이 있으면 건물분 부가가치세를 없애야 한다. 상업용 건물은 부가가치세가 과세되고 세금계산서를 받게 된다. 멸실예정건물의 부가가치세는 매입세액을 공제받을 수 없다. 멸실예정건물은 토지를 취득하기 위하여 지급한 가액이고 토지를 매각할 때 부가가치세를 납부하지 않으므로 매입부가세도 불공제되는 것이다. 우리 부가가치세는 멸실예정건물인 경우 건물분 부가세를 줄이거나 없애는 것을 허용하고 있다(부가령 제64조 제2항).

6. 철거는 1월 이후에 하는 것이 좋다.

철거 후 6개월 이내의 토지는 지방세법상 여전히 건축물의 부수토지이다. 1월 이후에 철거하면 재산세 과세기준일 6월 1일은 6개월 내에 도달한다. 따라서 건축물의 부수토지는 재산세가 별도합산 가세되고 이에 따라 종합부동산세 종합합산을 피할 수 있다. 따라서 철거시 보유세를 고민하여야 한다.

7. 가설건축물이 있으면 취득세 신고여부를 확인해야 한다.

가설건축물은 가설건축물의 존치기간을 기준으로 취득세신고납부를 선택할 수 있다. 만일 가설건축물 축조한 자가 1년 이상으로 신고한 경우 축조한 자는 취득세를 납부하였고, 양수자도 취득세를 납부하게 된다. 그러나 축조한 자가 존치기간을 1년 미만으로 신고하였다면 가설건축물이 1년이 되는 날 취득세 납세의무가 성립한다. 따라서 가설건축물이 취득세 신고된 것인지 여부를 확인하여야 한다.

8. 부지매입시 사업의 신축목적(분양, 임대)을 정하고 신축목적에 적합하게 설계하고 수분양자를 모집해야 한다.

건물이 준공되기 전에 건물의 사용목적에 따라 설계변경 등을 거쳐 준공 전에 출구전략을 마련하여야 한다. 준공 후 미분양이 되는 최악의 사태는 피해야 하기 때문이다. 이때 제일 중요한 것은 준공이다. 일단 준공이 되면 담보대출로 기존대출을 갈아 탈 수 있지만, 준공되지 않으면 기존대출을 상환할 수 없기 때문이다. 따라서 건실한 시공사와 설계사를 구하는 것이 무엇보다 중요하다.

Ⅱ 연립주택을 짓다. 매입임대사업

서울 경기도권 200평 토지의 시가가 100억 원(취득가 토지비가 20억 원)일 때 시행법인으로 양도한 후 시행법인일 때 해당 토지로 LH매입임대사업을 진행하는 경우 안정적 개발사업과 조세특례를 확보할 수 있다.

매입임대사업주택이란 공공주택특별법 제43조, 기존주택 등 매입임대 업무처리지침(국토교통부 훈령)에 의거하여, 민간이 신축하여 공공이 매입하여 임대주택으로 공급하는 공공임대주택을 말한다. 주로 LH, SH 등 국가기관의 매입약정을 기반으로 사업을 진행하기에 안정성이 높고 저리의 PF조달이 용이한 특징이 있다.

1. 매각대금의 선지급

구 분	금 액	지급시기	비 고
총 매출	200억 원	토지선금 112억 원	매입약정 체결시 지급
		매매약정금 8억 원	골조공사 60%시 지급
		매매계약금 60억 원	준공시 지급
		매매잔금 20억 원	품질검사 완료시 지급
토지비	100억 원	부모 양도세(24.75억 원, 10% 감면) 납부 후 시행법인 대여	
기타비	86억 원	순 공사비 60억 원, 기타사업비 26억 원	
사업이익	14억 원	시행이익은 분양가의 7% 정도 (법인세 2.7억 원 납부 전)	

2. 매입임대사업 관련 조세특례

감평가 100억 원 토지보유(서울시 200평, 매입가 20억 원) 시행 법인을 설립하여 시행사업을 영위하는 경우 이익 14억 원 증가, 세금 45.81억 원 감소한다.

구분	지주가 타인에게 토지를 100억 원에 매각 후, 잔여 현금을 전부 자녀에게 증여하는 경우	지주가 자녀법인에 토지를 매각 후, 자녀법인이 매입임대사업 완료
산식	양도세 : (100-20) × 70% × 49.5% = 27.72억 원	양도세 : (100-20) × 70% × 49.5% × 90% = 24.75억 원
	증여세 : (100-27.72) × 50% - 4.6 = 31.54억 원	법인세 : 14억 원 × 20.9% - 0.22 = 2.70억 원
부모 현금	0.00억 원	75.25억 원
자녀/ 시행법 현금	40.74억 원	11.30억 원

3. 매입임대사업 조세특례

1) 공공매입임대주택 건설 목적 양도 토지 과세특례(조특법 제97조의 9 제1항~제3항)

거주자가 공공매입임대주택을 건설할 자(공공주택사업자와 약정을 체결한 자)에게 주택 건설을 위한 토지를 양도함으로써 발생하는 소득에 대해 양도소득세의 10% 감면한다.

2) 토지등양도소득에 대한 과세특례(법령 제92조의2 제4항 제6호)

공공매입임대주택을 건설할 자에게 주택 건설을 위한 토지를 양도하여 발생하는 소득에 대해 토지등양도소득의 법인세액 추가납부 세율(10%) 배제한다.

3) 공공주택사업자의 임대 목적으로 주택을 매도하기로 약정을 체결한 자에 대한 감면(지특법 제31조의5 제1항~제3항)

공공주택사업자의 임대가 목적인 주택을 건축하여 공공주택사업자에게 매도하기로 약정을 체결한 자가 해당 주택 등을 건축하기 위해 취득하는 부동산 및 주택 등을 건축하여 최초로 취득하는 경우 취득세의 10% 경감한다.

4) 공공임대주택 용적률 완화(국토계획령 제85조 제3항 제1호)

(중략)..용도지역 용적률의 120% 이내의 범위에서 용적률 완화할 수 있다.

5) 주택도시보증공사(HUG)의 특약보증을 통해 저리의 건설자금 지원(총 사업비의 90% 이내)

4. 자금흐름 요약표

순서	내용	비고	법인현금	부모현금
1	자녀들이 시행법인 설립	자본금 1억 원	1.00	
2	자녀법인 이름으로 LH매입심의 접수			
3	심의통과 후 매입약정금액 확인	매입약정금액 200억 원		
4	매입약정금액이 예상범위이면 사업진행			
5	매입약정체결과 동시 토지선금 신청	토지선금 112억 원	112.00	
6	부모와 자녀법인 간에 매매계약 체결			
7	관리형 토지신탁 계약 체결			
8	LH의 토지선금으로 토지비 완납	양도세 24.75억 원 (10% 감면) 납부 후 75.25억 원중 50억 원 대여	-100.00	100.00
9	부모의 양도세 납부			-24.75
10	부모로부터 후순위 대출		20.00	-20.00
11	잔여 사업비를 금융 조달		45.00	
12	인·허가 및 착공			
13	매매약정금 수령 (골조 60%)	매매약정금 8억 원	8.00	
14	공사비 지급		-60.00	
15	기타비 지급		-26.00	
16	준공 및 매매계약금 수령	매매계약금 60억 원	60.00	
17	품질점검완료 (준공 후 2월)	매매잔금 20억 원	20.00	
18	부모에게 후순위 대출상환		-20.00	20.00
19	금융조달 상환		-45.00	
20	법인세납부		-2.70	
21	매년 1억 원 배당		-1.00	
	소계		11.30	75.25

꼭지로 짚은 자영업 세무원리

제 5 장

개인의
상속과 증여

부모님의 상속과 자녀에 대한 증여

Ⅰ 상속을 준비하다.

상속세는 부모님 두 분이 모두 계시고 재산이 10억 원 미만이라면 고민하지 않아도 된다. 또는 부모님 중 1분만 계시고 재산이 5억 원 미만이라면 고민하지 않아도 된다. 김자영의 경우 부모님의 재산은 50억 원 정도라고 짐작된다. 모두 건강하시지만, 상속을 준비해 몇 가지 원칙을 세웠다. 김자영의 형제는 김자영을 포함하여 3명이다.

1) 상속세 과세표준은 30억 원 이하로 한다.

상속세 최고세율은 50%이고 30억 원 초과분부터 적용된다. 따라서 과세표준이 30억 원이하라면 최고세율이 아니라 40%의 세율이 적용된다.

과세표준이 30억 원이라고 상속재산이 30억 원인 것은 아니다. 상속공제를 고려하여야 하기 때문이다. 부모님 두 분 중 한 분이 살아계시다면 상속재산이 45억 원이라도 상속세 과세표준은 30억 원이 될 수 있다.

상속개시일 10년 전에 상속인에게 사전 증여하거나 상속개시일 5년 전에 상속인 외의 자에게 사전 증여하여 상속재산을 45억 원 이하로 줄이면 적어도 최고세율의 적용은 피할 수 있다.

2) 배우자상속공제를 최대한 활용한다.

형제가 3명이고 어머니가 있으므로 어머니의 법정상속지분은 1.5/4.5이다. 아버지의 상속개시 당시 재산이 45억 원이라면 어머니께 15억 원을 드리는 것이 효도로 보나, 세금으로 보나 타당하다. 이러면 45억 원 재산 중 일괄공제 5억 원 및 배우자공제 15억 원으로 하여 과세표준은 25억 원이 된다. 목표한 과세표준 30억 원 이하가 가능해 진다.

3) 사망 2년 전에는 재산을 처분하거나 자금을 빌리지 않는다.

피상속인이 피상속인의 재산을 처분하였거나 재무를 부담한 경우로서 용도가 객관적으로 명백하지 않으면 상속재산에 포함한다. 따라서 재산을 처분하거나 채무를 빌릴 때는 자녀등과 상의하여 내역을 알고 있어야 한다. 자주 찾아뵈어야 하는 이유이다.

4) 상속세를 납부할 재원을 미리 마련해 둔다.

사망보험금은 상속재산으로 의제된다. 피상속인의 사망으로 인하여 받는 생명보험 또는 손해보험으로서 피상속인이 보험계약자인 보험계약에 따라 받는 것은 상속재산으로 본다(상증법 제8조 제1항). 따라서 보험계약자가 상속인인 경우 상속재산으로 의제되지 않고 상속세도 과세되지 않는다. 이 때문에 부부간에는 서로의 사망보험금을 교차하여 사망보험을 들어두는 것이 좋다. 사망보험금으로 상속세를 납부하기 위해서이다.

우리나라는 대부분의 재산이 부동산인 경우가 많아서 막상 상속이 개시되었을 때 현금이 부족한 경우가 많기 때문이다. 또한 상속세는 배우자와 자녀 등 상속인이 연대하여 납부하여야 하는데 이때 배우자가 상속세를 모두 납부하면 자녀 몫의 세금도 어머니가 납부해준 것이니 사실상 증여와 같다. 그러나 연대납세의무 한도 내에서 다른 상속인의 상속세를 부담할 경우 증여세는 없다. 다만 협의분할 하는 경우에는 해당 연대납세의무의 한도를 확인해 둘 필요가 있다.

5) 사별 후 재혼을 하겠다면 굳이 말리지 않는다.

배우자가 있으면 상속세 공제의 효과가 크다. 재혼으로 인한 절감되는 세금은 1.5억 원 정도 기대가 된다. 따라서 굳이 말릴 필요가 전혀 없다고 하겠다. 예전처럼 부모를 잘 부양하지 못하는 시절이라, 배우자가 자식보다 낫다고 하겠다.

구분	아버지 사망	어머니 사망	
		독신	재혼하는 경우
상속재산	45억 원	15억 원	15억 원
상속공제_일괄	5억 원	5억 원	5억 원
상속공제_배우자	15억 원	–	5억 원
과세표준	25억 원	10억 원	5억 원
산출세액	8.4억 원	2.4억 원	0.9억 원

Ⅱ 축의금은 증여세?

축의금은 일반적으로 증여세 과세대상이 될 수 있다. 하지만, 증여세 과세 여부는 축의금이 증여의 성격을 가지고 있느냐에 따라 달라진다.

1. 축의금의 증여세 과세 여부

사회통념상 일반적으로 적절하다고 인정되는 금액은 비과세되는 증여재산이다.

기념품·축하금·부의금 그 밖에 이와 유사한 금품으로서 통상 필요하다고 인정되는 금품. 이러한 비과세되는 기념품, 축하금, 부의금은 그 물품 또는 금액을 지급한 자별로 사회통념상 인정되는 물품 또는 금액을 기준으로 한다(상증통 46-35···1 ②).

2. 축의금은 직접 건네는 것이 좋다.

축의금 중 결혼 당사자에게 직접 건네진 것이라고 볼 부분을 제외한 나머지는 전액 혼주인 부모에게 귀속된다고 보기 때문에 방명록 등 신랑, 신부에게 직접 귀속되는 금액이라는 것을 증명할 수 있는 자료를 갖추어 두도록 하는 것이 좋다. 가급적 신랑, 신부의 은행계좌로 받는다면 직접 귀속을 더 명확하게 드러낼 수 있을 것이다. 심판원은 축의금 중 자신의 친인척과 지인으로부터 직접 건네

받은 축하금은 증여세 과세대상에서 제외하고, 나머지 부모에게 귀속되는 축의금은 증여받은 것으로 보아 증여세를 내야 한다고 결정했다(조심 2016서1353).

3. 사회통념상 비과세되는 증여

사회통념상 인정되는 이재구호금품, 치료비, 피부양자의 생활비, 교육비, 혼수용품으로써 통상적으로 필요하다고 인정되는 금품, 그 밖에 이와 유사한 것으로 다음의 어느 하나에 해당하는 것으로서 해당 용도에 직접 지출된 것에 대하는 증여세가 비과세된다(상증법 제46조 제5호).

1) 학자금 또는 장학금 그 밖에 이와 유사한 금품. 이러한 학자금 또는 장학금은 학업수행을 위해 해당 자금을 사용하는 경우의 수증받은 재산을 말한다(상증통 46-35…1)

2) 기념품·축하금·부의금 그 밖에 이와 유사한 금품으로서 통상 필요하다고 인정되는 금품. 이러한 비과세되는 기념품, 축하금, 부의금은 그 물품 또는 금액을 지급한 자별로 사회통념상 인정되는 물품 또는 금액을 기준으로 한다(상증통 46-35…1 ②).

3) 혼수용품으로써 통상 필요하다고 인정되는 금품. 이러한 증여세가 비과세되는 혼수용품은 일상생활에 필요한 가사용품에 한하며, 호화·사치용품이나 주택·차량 등은 포함하지 아니한다(상증통 46-35…1 ③).

4) 타인으로부터 기증을 받아 외국에서 국내에 반입된 물품으로서 해당 물품의 관세의 과세가격이 100만 원 미만인 물품

증여세가 비과세되는 생활비 또는 교육비는 필요시마다 직접 이러한 비용에 충당하기 위하여 증여에 의하여 취득한 재산을 말하는 것이며, 생활비 또는 교육비의 명목으로 취득한 재산의 경우에도 당해 재산을 예·적금하거나 주식, 토지, 주택 등의 매입자금 등으로 사용하는 경우에는 증여세가 비과세되는 생활비 또는 교육비로 보지 아니한다(상증통 46-35…1 ①).

또한 민법상 부양의무자 사이의 생활비 또는 교육비로서 통상 필요하다고 인정되는 금품에 대하여는 증여세가 과세되지 아니하는 것으로 부양의무가 없는 조부가 손자의 생활비 또는 교육비를 부담한 경우는 같은 법 제46조 제5호에서 규정하는 비과세되는 증여재산에 해당하지 않는다. 귀 질의의 경우 조부가 손자를 부양할 의무가 있는지 여부는 부모의 부양능력 등 구체적인 사실을 확인하여 판단할 사항이다(상속증여세과-523, 2019.6.12., 재산세과-4168, 2008.12.10.).

4. 증여세 과세대상에서 제외하는 축의금 등

1) 상속세 및 증여세법에서 통상 필요하다고 인정되는 혼수용품은 일상생활에 필요한 가사용품에 한하며, 호화·사치용품이나 주택·차량 등을 포함하지 아니하며, 결혼축의금이 누구에

게 귀속되는지 등에 대하여는 사회통념 등을 고려하여 구체적인 사실에 따라 판단한다(서면4팀-1642, 2005.9.12.).

2) 부동산취득자 본인에게 귀속되는 소득금액, 상속 또는 수증재산의 가액, 재산을 처분한 대가로 받은 금전이거나 부채를 부담하고 받은 금전으로 당해 부동산을 취득하는 때에는 증여세가 과세되지 아니하는 것이나, 부모가 자녀의 결혼축의금으로 받아 관리하던 금전으로 자녀가 부동산을 취득한 경우 자녀 본인의 자금출처 인정범위는 그 결혼축의금이 누구에게 귀속되는지 등에 대하여 소관세무서장이 사회통념 등을 고려하여 구체적인 사실에 따라 판단한다(재삼 46014-1057, 1998.6.12.).

3) 일반적으로 결혼축하금이란 우리 사회의 전통적인 미풍양속으로 확립되어 온 사회적 관행에 따라 지급되는 것으로서, 상속세 및 증여세법에서도 사회통념상 인정되는 축하금 등에 대해서는 증여세를 부과하지 않도록 규정하고 있으므로 결혼축하금은 증여재산가액에서 제외하는 것이 타당하다(조심 2016서1353, 2017.2.8.). 이때 결혼축의금은 결혼당사자에게 귀속되는 것이 유리하다(심사증여 98-40, 1998.3.13.).

Ⅲ 사전증여 좋은지 나쁜지?

사전증여는 자산을 상속이 시작되기 전에 미리 자녀나 후계자에게 증여하는 방법이다. 대부분의 경우 사전증여는 합리적인 선택이다. 그러나 무조건 사전증여가 유리한 것은 아니다.

1. 사전증여의 좋은 점

부모의 재산을 미리 증여받는다면 몇 가지 이점이 있다.

1) 증여시점 가치로 재산을 평가한다.

사전증여가 10년 이내라도 상속세 과세금액에 포함될 때는 증여 당시의 가액을 합산하므로 시가 3억 원의 아파트를 사전 증여했는데 부모님이 돌아가시기 전에 6억 원이 됐다고 하면 3억 원의 증여액만 합산되기 때문에 과세대상 금액이 줄어든다는 이점이 있다.

2) 10년 단위 사전증여는 절세에 도움이 된다.

다만 상속개시 전 10년 이내 증여액은 상속세 과세표준에 포함되고, 10년 초과한 증여재산은 상속세 과세표준에 포함되지 않는다. 상속세법은 10년간 증여를 모두 합쳐 과세하기 때문에 10년마다 증여하는 경우 절세에 도움이 된다.

3) 증여재산공제는 증여자별로 계산한다.

증여는 동일인으로부터 증여받은 금액을 합한 것이고 그 동일인에는 배우자도 포함된다. 즉, 아버지로부터 증여받은 금액과 어머니로부터 증여한 금액을 합산한다는 의미이다. 하지만 할아버지로부터 증여받은 경우에는 증여금액을 합산하지 않는다.

2. 사전증여가 나쁜 경우

1) 사전증여가 항상 좋은지?

상속공제는 일괄공제가 5억 원이고, 배우자 공제는 법정상속지분액의 범위 내에서 실제로 상속받은 금액만큼 공제하는데 그 금액이 5억 원 이하면 5억 원을 공제하고, 30억 원을 초과하면 30억 원을 한도로 공제한다. 따라서 상속공제는 배우자가 생존한 경우 10억 원에서 35억 원 범위가 된다. 단, '공제적용의 한도 규정'은 상속세 과세가액에 가산한 증여재산가액'을 차감한다(상증법 제24조). 따라서 사전증여로 인하여 상속공제의 종합한도가 상속공제액보다 작아지면 불리할 수 있다.

2) 사전증여가 나쁜 경우 예시

예를 들어, 피상속인(사망자)이 배우자와 자녀 2명을 두고 있고, 상속재산이 35억 원인 경우 상속세는 4.4억 원이 되지만, 두 자녀에게 15억 원씩 30억 원을 사전증여한 경우 증여세와 상속세는 10

억 원이 된다. 이는 사전증여의 비중이 너무 커서 발생한 문제이다.

구분	단순상속	사전증여	비고
재산가액	35억 원 상속	5억 원	
사전증여		30억 원	10년 내 사전증여
상속공제	20억 원	6억 원	상속공제 축소
과세표준	15억 원	29억 원	
상속세	4.4억 원	10억 원	5.6억 원 초과 발생

Ⅳ 자녀 증권계좌 개설

증여목적으로 미성년자인 자녀명의의 예금계좌를 개설하여 현금을 입금한 경우에 그 입금한 시기에 2천만 원을 초과하는 입금액에 대하여 증여세가 과세되는 것이나, 증여의사 없이 단순히 자녀명의의 예금계좌를 개설하여 본인이 관리해 온 사실이 확인되는 경우(재산상속 46014-1485)에는 증여세가 과세되지 않는다.

이때 자녀주식계좌를 개설해서 2천만 원을 입금하고 주식매매를 통해 수익을 낼 경우 증여세가 과세될 수 있다. 자녀의 투자수익은 부모의 기여에 의해 무상으로 이익을 얻은 것이므로 투자수익도 증여에 해당하기 때문이다. 또한 세뱃돈, 용돈은 증여세 과세대상이 아니지만 예금, 적금, 주식 등으로 사용했다면 증여세가 과세된다.

재산증식의 자금으로 활용했기 때문이다.

1) 증여세 없어도 증여세 신고

증여의 시기를 입금한 날로 인정받는 것이 중요하다. 입금한 날을 증여의 시기로 인정받는 경우 이후 단순히 주식가치의 상승으로 재산가치증가분에 대하여 증여세가 과세되지 않는다. 이를 위하여 입금한 날이 속하는 달의 말일부터 3개월 이내에 증여세를 신고하여 입금한 날을 증여시기로 명확히 하여야 한다.

2) 차라리 주식을 증여하자

현금을 증여하고 자녀가 주식을 투자하는 것은 자녀의 나이, 전문성 등으로 보아 부모가 대신해주었다고 볼 여지가 충분하다. 따라서 주식을 투자할 것이라면 차라리 주식을 증여하는 것이 더 현명한 방법이 된다. 주식증여는 증여대상 주식 선정 → 증여계약서 작성 → 자녀 주식계좌 개설 → OTP 발급 → 주식대체입고 → 증여세신고·납부의 순으로 이루어진다.

① 증여대상 주식 선정 : 증여하고자 하는 주식을 선정한다. 시장에서 거래되고 있는 상장주식은 증여일 기준 종가표에 의해 평가한다.
② 증여계약서 작성 : 부모와 자녀간 증여사실을 명확히 하기 위하여 증여계약서를 작성하여야 한다. 증여계약의 주요내용은

증여목적, 주식종류와 수량, 증여일을 포함한다.

③ 자녀 주식계좌 개설 : 증여받은 자녀의 이름으로 주식계좌를 개설한다. 부모 신분증이 있으면 자녀 주식계좌 개설이 가능하다.

④ OTP 발급 : 주식 증여를 위해서는 증권회사에서 OTP를 발급 및 등록이 필요하다. OTP 인증센터를 통해 OTP를 등록하여야 한다.

⑤ 주식대체입고 : 증여하는 주식을 자녀계좌로 이체한다. 주식을 이체하는 과정에서 증여계약서, 가족관계증명서 등 증빙자료가 필요할 수 있다.

⑥ 증여세신고·납부 : 증여 후 3개월 이내에 국세청에 증여세를 신고하여야 한다. 증여계약서, 주식평가금액 관련자료, 가족관계증명서 등이 필요하다. 이때에도 미성년자인 자녀는 2천만 원까지 증여하여도 증여세가 발생하지 않는다. 그래도 증여세를 신고하여 거래관계를 명확히 하고 자금출처를 확실히 해두는 것이 좋다. 10년마다 공제금액 한도를 활용하여 분할 증여하거나 성년이 되는 해에는 5천만 원까지 증액하여 증여할 수 있다.

제2절
재산을 이전하다.

■ I 회사지분을 증여하다.

1. 비상장주식의 평가

상장주식은 시장가액과 매일의 종가가 있다. 따라서 평가에 어려움이 적다고 하겠다. 그러나 비상장주식의 경우 거래시장이 없거나 약하므로 여러 가지 평가방법이 있다.

1) DCF평가

스타트업 및 고성장사업에서 수익접근법(DCF)이 선호된다. 스타트업은 초기에 수익이 없거나 적기 때문에 시장접근법 보다 장기적인 성장을 예측하여 평가하는 방법이 유리하기 때문이다.

DCF평가는 현금흐름할인 모형이라고도 하는데 시점별 현금흐름을 정하고 할인율을 산정하여 현재가치로 평가하는 방법이다. 주로 회계법인의 회계사들이 DCF평가를 수행한다.

2) 감정평가

감정평가사 또는 감정법인은 기업의 특성 및 목적에 따라 달라질

수 있으므로 다양한 방법이 선호된다. 주로 전통적인 산업은 시장
접근법의 사용빈도가 높다. 왜냐하면 안정적인 수익구조와 성장기
업의 유사 데이터가 쌓여 있어 평가하는 것이 가능하기 때문이다.
비교하여 부동산이나 제조업과 같은 자산기반산업은 자산의 가치
를 중요하게 평가하는 자산접근법을 사용하기도 한다.

3) 상증법상 평가

상증법상 평가는 대차대조와 손익계산서 및 세무조정계산서를
근거로 가중치를 부여하여 평하는 방법으로 합리적이라고 할 수는
없어도 특수관계자끼리 거래할 때는 유일한 방법이 된다. 상증령
제49조 제1항 제2호는 비상장주식에 대하여 감정평가액을 시가로
인정하지 않고 있기 때문이다. 이때에도 거래사례가 있으면 해당
거래가액을 기준으로 평가한다. 다만 거래사례가 될 수 있는 거래
란 1~2주의 거래가 아니라 거래 규모가 충분히 커야 한다. 일반적
으로 액면가 기준으로 3억 원 이상 또는 지분율 1% 이상의 거래가
있어야 매매사례가액으로 인정된다.

2. 상증법상 보충적 평가방법 적용

1) 순자산가치 계산

기업이 보유한 자산(토지, 건물, 금융자산 등)에서 부채를 차감한
후 조정하여 계산한다.

순자산가치 = (평가대상 법인의 총 자산 - 부채) ÷ 발행주식 수

여기서 "자산"과 "부채"는 세법상 평가기준에 맞춰 재조정한다.

토지건물등 부동산은 감정평가금액, 담보되는 채권액, 장부가액, 기준시가 중 높은 금액으로 평가한다.

유가증권은 상장된 경우 종가평균액, 비상장인 경우 해당 주식의 상증법상 평가방법으로 평하여 반영하여야 한다.

초과이익률을 산정하여 영업권가치를 반영하여야 한다.

2) 순손익가치(수익가치) 계산

순손익가치는 해당 법인의 최근 3년간의 소득금액을 기준 가감 조정하여 3, 2, 1의 가중치로 가중평균하여 산출한다. 1주당 최근 3년간 순손익액의 가중평균액은 10%(3년 만기 회사채의 유통수익률을 감안하여 기획재정부령으로 정하는 이자율, 상증칙 제17조)로 나누어 산정한다.

3) 최종 평가금액 산정 (가중평균 적용)

주식가치 = (순자산가치 × 2 + 순손익가치 × 3) ÷ 5

순자산가치와 순손익가치를 2:3 비율로 가중평균하여 평가한다.

만일 자산이 중요한 경우 가중치를 3:2로 조정하거나, 순손익가치가 경미한 경우 순자산가치로만 평가하기도 한다.

> ### 주식가치평가와 사내근로복지기금
> 상속세 및 증여세법상 주식가치평가가 매우 복잡하지만 결국 순자산가치의 40%, 직전 1년 이익의 300%, 직전 2년 이익의 200%, 직전 3년 이익의 100%가 주식가치로 반영된다고 할 수 있다. 사내근로복지기금이 설립되고 거액의 출연금이 지급되면 출연금의 300% 만큼 주식가치가 떨어지게 된다. 따라서 사내근로복지기금은 비상장법인의 주식가치를 줄이는 좋은 수단이 될 수 있다.

Ⅱ 자기주식? 이익소각?

기업의 잉여금은 발생한 순이익을 배당하지 않고 유보할 때 증가하게 된다. 기업의 잉여금이 증가하면 매우 바람직하고 축하할 일이나, 주식을 이전하거나 상속 또는 증여하기 매우 어려워진다는 단점이 있다. 만일 잉여금의 증가가 가지급금 또는 불량자산 때문인 경우 마냥 달가울 수 없는 일이다. 배당도 좋은 방법이나, 배당은 매년 따박따박 지급할 때 효과가 좋다고 할 것이다. 거액의 배당으로 종합소득세 최고세율로 과세되거나 배당소득에 대한 건강보험료 부담이 되는 경우 배당은 좋은 방법이라고 하기 어렵다.

1. 자기주식소각으로 효용이 있는 법인

기업이 자기주식을 취득하고 이를 소각하는 경우 자본이 감소하고 기업규모를 줄일 수 있다.

1) 잉여금이 15억 원 이상이 되고 건실한 법인

2) 최대주주가 10년 이내 배우자에게 증여한 사실이 없는 법인

3) 배우자의 자산취득 등으로 자금출처가 필요한 법인

4) 대표이사의 가지급금이 많은 법인

5) 사전상속 또는 지분증여, 청산 등 주식이동을 준비하고 있는 법인

2. 자기주식 소각의 절차

1) 주식평가

비상장법인의 주식을 정확하게 평가하고, 주식평가가액의 변동 가능성 여부를 진단한다.

2) 배우자 증여

배우자에게 법인의 지분을 증여(공제액 6억 원)한다.

3) 법인 매입

법인이 최대주주의 배우자로부터 주식평가가액으로 주식을 매입한다.

4) 주식소각

상법상 절차를 준수하여 주식을 소각한다.

3. 거래의 배경

기업의 고질적인 재무리스크 항목인 가지급금과 미처분이익잉여금을 처리하는 데 효과적인 것은 자사주 매입이다. 자사주 매입은 회사가 발행한 주식을 매입하여 보유하는 것을 말한다.

2012년 4월 이전에는 비상장기업의 불공정한 기업 지배를 초래한다는 이유로 제재되어 왔지만, 상법 개정 이후 직전 연도 말 배당가능이익을 한도로 주주총회 등 상법상 절차를 거쳐 자사주 매입이 가능해졌다.

4. 배당소득 양도소득

자사주 매입은 세법상 소각 목적일 때 의제배당으로 과세되고 소각 목적이 아닐 때 주식의 양도소득으로 과세되는 이점이 있다. 양도차익의 10~25%의 세율이 적용되더라도 상여나 배당 등 다른 이익금 환원 방법에 비하여 세금 부담이 적으며 4대 보험료가 부과되지 않는다.

양도소득으로 구분되기 위해서는 주주총회를 거쳐 자사주 매입을 의결하고 이사회에서 취득 목적과 취득할 주식 수를 결정해야 한다. 또 주주에 대한 양도 통지를 서면이나 전자문서로 작성해 주주가 양도를 신청해야 한다.

5. 자기주식을 장기보유하는 경우

당해 법인이 취득한 자기주식을 당초 목적에 맞지 않게 장기 보유하는 경우 과세 당국에서는 자기주식 취득 목적이 특정 주주에게 자금을 대여하기 위함이었다고 해석하여 자기주식 취득 자체를 무효 처분할 가능성이 매우 높다.

즉, 비상장법인이 자기주식을 정당하게 취득하여 단기에 제3자에게 매매를 하는 경우라면, 세무상 특별한 문제는 발생하지 않은 것이나 장기간 보유하는 경우 법인의 자금을 주주에게 보유기간 동안 무상으로 대여한 것으로 볼 수 있으므로 국세청은 비상장법인이 자기주식을 취득한 경우 사후관리 대상으로 분류하여 관리를 하게 된다.

개정 상법에서 비상장법인의 자기주식 취득을 배당가능이익의 범위 내에서 주주총회 등의 결의만으로 그 취득을 허용하였다하더라도 비상장법인은 자기주식 취득의 사유가 명확하여야 할 것이다.

6. 소득세법 제97조의2 개정

주식은 이월과세대상이 아니었으나 2025년 1월 1일 이후 증여받은 주식을 1년 내에 양도하는 경우 이월과세대상에 포함되었다.

이 경우 양도차익 계산시 취득가액은 수증자가 증여받은 가액이 아니라 증여자가 취득한 가액에 의한다.

상황과 목적에 맞지 않는 자사주 매입일 경우, 부인될 수 있기에 자사주 매입 목적을 명확하게 하고 주식을 거래할 때 객관적인 주식가격의 평가가 적정해야 한다.

Ⅲ 창업 자금증여, 50억 원 한도, 5억 원 공제, 10% 세율

1. 증여자가 사망하여 상속세 과세시 특례

원칙적으로 피상속인이 10년 이내에 상속인에게 증여한 재산은 '사전증여재산'이라는 이름으로 상속세 과세가액에 산입한다. 그러나 증여세 과세특례가 적용된 창업자금은 증여된 기간에 관계없이 상속세 과세가액에 산입하여 상속세로 다시 정산한다.

2. 창업자금과 일반증여재산의 합산과세 배제

창업자금에 대하여 증여세를 부과하는 경우에는 상속세 및 증여세법 제47조 제2항에 의하여 동일인으로부터 10년 이내에 재차 증여받은 재산에 대하여 합산과세할 때 동일인(그 배우자를 포함한다)으로부터 증여받은 창업자금 외의 다른 증여재산의 가액은 창업자금에 대한 증여세 과세가액에 가산하지 아니한다(조특법 제30조의5 제11항). 즉, 동일인으로부터 증여받은 창업자금은 창업자금대로 합산과세하며, 증여세 과세특례가 적용되지 아니하는 일반증여재산은 구분하여 일반증여재산대로 합산 과세한다는 뜻이다.

3. 가업의 승계에 대한 과세특례와 중복적용 배제

창업자금에 대한 증여세 과세특례를 적용받는 거주자는 가업의 승계에 대한 증여세 과세특례를 제 못한다(조특법 제30조의5 제14항). 즉, 수증자를 기준으로 "가업의 승계에 대한 증여세 과세특례"와 "창업자금에 대한 증여세 과세특례" 규정 중 하나만 선택하여 적용받을 수 있다. 그러나 자녀가 2인 이상인 경우 자녀 1인에게는 중소기업 주식 등을 증여하여 가업승계에 따른 증여세 과세특례를 적용받도록 하고, 다른 자녀 1인에게는 창업자금을 증여하여 창업자금에 대한 증여세 과세특례를 각각 적용받을 수 있도록 할 수 있다.

창업자금에 대한 증여세 과세특례(조특법 제30조의5)는 18세 이상인 거주자가 제조업 등 업종(제6조 제3항 각 호에 따른 업종)을 영위하는 중소기업을 창업할 목적으로 60세 이상의 부모로부터 50억 원 이하의 금액을 증여받는 경우 5억 원을 공제하고 10%의 세율을 적용하여 증여세를 부과한다.

가업승계 증여세 특례와 상속세 정산

가업의 승계에 대한 증여세 과세특례(조특법 제30조의6)는 18세 이상
인 거주자가 60세 이상의 부모로부터 평균매출액 5천억 원 미만이고
10년 이상 계속경영한 가업의 승계를 목적으로 해당 가업의 주식을 증
여받고 가업을 승계한 경우에는 10억 원을 공제하고 10%(과세표준이
120억 원을 초과하는 경우 초과금액은 20%)의 증여세를 부과한다.

피상속인이 상속개시 전에 자녀에게 증여하여 조세특례제한법 제30조
의5에 따라 증여세 과세특례가 적용된 창업자금과 같은 법 제30조의6
에 따라 증여세 과세특례가 적용된 가업승계 주식의 가액은 당초 증여
일로부터 상속개시일까지의 기간에 관계없이 상속세 과세가액에 가산
한다.

사전상속제도인 이러한 증여재산에 대하여는 증여세 과세가액(증여세
과세특례 한도액 범위 내)에서 5억 원 또는 10억 원을 일괄공제하고 특
례세율 10%(또는 20%)를 적용하여 증여세를 과세한 후 증여자 사망
시 상속세로 정산한다.

창업자금에 대하여 증여세 과세특례를 적용받고자 하는 자는 증여
세 과세표준 신고기한(증여받은 날이 속하는 달의 말일부터 3월 이
내)까지 증여세 과세표준신고와 함께 창업자금 특례신청서 및 사용내
역서를 납세지 관할 세무서장에게 제출하여야 하며, 이는 의무규정으
로 그 신고기한까지 특례신청서를 제출하지 아니한 경우에는 이 증여
세 특례규정을 제 못하게 된다(조특법 제30조의5 제12항).

Ⅳ 아파트 부담부증여란?

아파트를 증여할 때 부담부증여와 일반증여의 차이는 주로 세금 부담과 법적 책임의 관점에서 유리하고 불리한 점을 비교할 수 있다.

1. 일반증여와 부담부증여

1) 일반증여는 증여자가 아파트를 무상으로 증여하는 방식이다. 즉, 아파트를 소유권만 넘기고, 부채나 의무는 이전하지 않고 증여자가 이행하는 방식이다.

2) 부담부증여

부담부증여는 증여자가 아파트를 증여하면서 동시에 부채(예 : 대출금, 전세금 등) 또는 부담을 수증자에게 넘기는 방식이다. 예를 들어, 아파트에 대출금이 있을 경우, 수증자가 그 대출금을 상환하는 방식이다.

2. 양도세와 증여세의 구분

1) 부담부증여로 인하여 증여재산가액의 합계액에서 차감되는 채무액은 증여로 볼 수 없기 때문에 증여재산가액에서 공제되는 것이 타당하다. 차감한 채무액 상당액은 자산이 사실상 유상으로 이전되는 것으로 양도에 해당한다.

예를 들어 아버지가 시가 5억 원(취득가 2억 원, 전세보증금 2억 원)인 아파트를 자녀에게 증여할 경우 3억 원(= 시가 5억 원 - 전세보증금 2억 원)에 대한 증여세와 2억 원(전세보증금)에 대한 양도세가 과세된다. 이때 2억 원에 대한 양도세의 취득가액은 40%(=전세보증금/시가)만 인정되므로 8천만 원이 된다.

구분	증여세 계산	구분	양도소득세 계산
증여재산가액	5억 원	양도가액	2억 원
채무액	2억 원	취득가액	8,000만 원
증여세 과세가액	3억 원	양도차익	1억 2,000만 원
증여재산공제	5,000만 원	기본공제	250만 원
증여세 과세표준	2억 5,000만 원	과세표준	1억 1,750만 원
세율	20%	세율	35%
산출세액	4,000만 원	양도세	2,623만 원
신고세액공제	200만 원	지방소득세	262만 원
증여세	3,800만 원	소계	2,885만 원

사례에서 부담부증여로 인한 세금은 자녀 3,800만 원 및 아버지 2,885만 원을 합쳐서 6,685만 원이 된다. 만일 단순증여한 경우 자녀의 세금은 아래처럼 7,600만 원이므로 부담부증여가 유리한 경우라고 할 수 있다.

구분	증여세 계산
증여재산가액	5억 원
채무액	–
증여세 과세가액	5억 원
증여재산공제	5,000만 원
증여세 과세표준	4억 5,000만 원
세율	20% (누진공제 1천만 원)
산출세액	8,000만 원
신고세액공제	400만 원
납부할 세액	7,600만 원

2) 부담부증여의 채무

부담하는 채무는 증여재산에 담보된 채무, 임대보증금 등 증여당시 현존한 채무를 말하고, 특수관계인 간에 채무승계분은 인수되지 않은 것으로 추정되므로 수증자의 인수 사실을 확실하게 소명해야 한다.

① 채무는 증여자의 채무여야 하고 해당 증여재산에 담보되어야 한다.
② 배우자 또는 직계존비속의 부담부증여는 채무부담계약서, 채권자확인서, 담보설정 및 이자 지급에 관한 증빙 등에 의하여 그 사실을 확인할 수 있는 서류가 필요하다.

3) 부담부증여가 유리한 경우

항상 부담부증여가 유리한 것은 아니고 증여자(양도자)가 1세대 1주택 비과세 혹은 감면을 적용받는 경우에 유리할 수 있고, 반대로 다주택자, 비사업용 토지 등 양도세가 중과되는 경우에는 불리할 수 있다.

Ⅴ 감평사를 만나다.

1. 감정평가사(감평사)란?

감정평가사(Appraiser)는 부동산, 동산, 무형자산 등의 경제적 가치를 평가하는 전문가이다.

한국에서는 국가자격증으로, 「감정평가 및 감정평가사에 관한 법률」에 따라 운영된다.

2. 탁상감정이란?

정식으로 감정평가를 진행하기 전에 감평여부에 대한 의사결정을 위하여 현장조사 없이 지적공부, 가격자료 등으로 예상되는 감정가액 수준을 간단히 검토하는 것을 말한다.

탁상감정은 정확한 주소와 목적만으로 토지이용계획확인원, 과거평가전례, 인접사례, 주변사례로 예상금액 범위를 결정하는 것으로 통상 몇 시간 내에 도출할 수 있다.

3. 특수관계자 간 거래시 감정평가

특수관계자 간 거래에서 감정평가는 객관성과 공정성을 확보하기 위해 중요한 역할을 한다. 특수관계자 간 거래로 인하여 이익을 분여하지 않았다는 기준을 제시할 수 있기 때문이다.

1) 세금문제 예방

특수관계자 간의 거래는 자산의 가치를 낮게 책정하여 세금을 줄이거나, 반대로 높게 책정하여 부당한 절세를 노리는 경우가 있을 수 있다. 감정평가를 통해 자산의 적정 가치를 산정하면 이런 세금문제를 사전에 예방할 수 있다.

2) 부당행위계산부인

부당행위계산부인이란 특수관계자 간의 거래를 통하여 세부담을 감소시킨 경우 시가로 거래한 것으로 가정하여 세부담을 다시 계산한다는 원칙이다. 부당행위 여부를 판정할 때, 원칙적으로 시가를 기준으로 판정한다는 것을 규정하고 있으며, 부당행위계산부인 규정이 적용될 때의 시가는 원칙적으로 매매사례가액으로 하며, 매매사례가액이 없는 경우에는 주식 등의 경우에는 상증법상 평가액을 사용하며, 주식 외의 자산의 경우에는 감정평가법인의 감정가액을 먼저 적용하고 그 다음에 상증법상 평가액을 적용한다.

3) 매매사례가액과 감정평가

증여받은 아파트에 매매사례가액과 감정가액이 모두 있는 경우에는 증여재산을 어떻게 평가할까? 매매사례가액은 비슷한 아파트의 가액이고, 이와 달리 감정가액은 바로 그 아파트의 가액이다. 그래서 해당 아파트의 감정가액이 있다면, 유사 아파트의 매매사례가액보다 우선하여 적용할 수 있다.

유사매매사례가액은 상속 및 증여 대상 재산과 유사한 재산으로서, 상속세 및 증여세법 시행규칙에 유사한 재산에 대한 요건이 나열되어 있다. 공동주택의 경우에는 ① 동일단지 내에 위치한 재산으로서 ② 기준시가 차이가 5% 이내이며 ③ 전용면적 차이가 5% 이내일 것으로 명확하게 요건을 요구하고 있고, 공동주택 외의 경우는 평가대상 재산과 면적·위치·용도·종목 및 기준시가가 동일하거나 유사함을 그 요건으로 한다.

Ⅵ 가업상속

가업상속공제는 상속받은 기업의 유지 및 지속적 경영을 촉진하기 위한 제도로, 거주자인 피상속인이 생전에 10년 이상 영위한 중소기업 등을 상속인에게 정상적으로 승계한 경우에 최대 600억 원까지 상속공제를 하여 가업승계에 따른 상속세 부담을 크게 경감시켜 주는 제도를 말한다(상증법 제18조의2).

1. 가업상속공제의 요건

요건	기준	상세내역
가업	계속 경영 기업	피상속인이 10년 이상 계속하여 경영한 기업
	중소 기업 중견 기업	상증령 별표에 따른 가업상속공제 적용 업종을 주된 사업으로 영위 중소기업 또는 중견기업 요건을 충족 자산총액 5천억 원 미만
피상속인	주식 보유 기준	피상속인을 포함한 최대주주 등 지분 40%(상장법인은 20%) 이상을 10년 이상 계속하여 보유
	대표 이사 재직 요건	3가지 중 1가지 충족 필요 ① 가업 영위기간의 50% 이상 재직 ② 10년 이상의 기간 (상속인이 피상속인의 대표이사등의 직을 승계하여 승계한 날부터 상속개시일까지 계속 재직한 경우) ③ 상속개시일부터 소급하여 10년 중 5년 이상의 기간
상속인	연령	18세 이상
	가업 종사	상속개시일 전 2년 이상 가업에 종사
	취임 기준	신고기한까지 임원취임 및 신고기한부터 2년 이내 대표이사 취임
	납부 능력	가업이 중견기업에 해당하는 경우, 가업상속재산 외에 상속재산의 가액이 해당 상속인이 상속세로 납부할 금액에 2배를 초과하지 않을 것
	배우자	상속인의 배우자가 요건 충족 시 상속인요건 충족으로 봄

2. 사후관리

가업상속공제를 적용받았다 하더라도 가업상속인이 상속개시 이후에 정당한 사유 없이 아래의 세법에서 정한 사후의무요건을 이행하지 아니한 경우에는 상속세가 부과된다(상증법 제18조 제6항).

1) 사후관리기간 : 5년

2) (가업종사) 해당 상속인이 가업에 종사하여야 한다.

3) (지분유지) 해당 상속인의 지분이 감소하지 않아야 한다.

4) (가업유지) 상속 후 5년간 가업용 자산의 40% 이상 처분금지, 1년 이상 해당 가업을 휴업하거나 폐업하지 않고 주된 업종을 변경하지 않아야 한다.

5) (고용확대) 5년간 정규직 근로자 수 평균과 총급여액이 기준고용인원(기준총급여액, 상속개시일 직전 2개 사업연도의 평균)의 90% 이상 유지해야 한다.

3. 연부연납

가업상속재산에 대한 상속세는 거치기간 포함 최장 20년으로 일반상속재산의 연부연납기간보다 더 장기적으로 운영하여 가업승계를 지원하고 있다(상증법 제71조).

세 목			연부연납기간
상속세	가업상속 재산	50% 미만	10년간 분할납부(3년 거치 가능)
		50% 이상	20년간 분할납부(5년 거치 가능)
	일반상속 재산		10년간 분할납부(거치기간 없음)
	증여세		5년간 분할납부(거치기간 없음)

가업상속공제가 적용된 자산의 양도세 이월과세

상속재산의 양도에 따른 양도차익을 계산할 때 양도가액에서 공제하는 필요경비는 피상속인의 취득가액을 적용하지 아니하고 상속개시 당시의 상속세 과세가액인 간주취득가액을 필요경비로 공제한다. 이와 같은 간주취득가액의 필요경비 적용으로 가업상속공제를 한 상속재산의 경우에는 피상속인이 창출한 자본이득에 대해서는 상속세 뿐만 아니라 양도소득세를 한 푼도 과세되지 아니하여 과세의 공평성 측면에서 문제점이 발생되었다. 이에 따라 2014년 개정 세법에서는 가업상속공제는 가업상속재산가액 전액을 공제하되 가업상속공제를 적용받은 재산 중에 양도소득세 과세대상재산에 대해서는 피상속인 단계에서 발생된 자본이득에 대하여 상속인이 양도할 때 양도소득세로 납부하도록 하였다. 이 개정 규정은 2014년 이후에 가업상속재산을 상속받아 양도하는 분부터 적용한다.

제 **6** 장

사회공헌과
기부

제1절
장학금과 공익재단

I 모교에 장학금 기부. 기부금 공제?

연말 비용을 처리하는 손쉬운 방법이 있다. 바로 모교의 발전기
금에 기부금을 내는 일이다.

각 대학교의 발전기금 주무관에게 연락하면 발전기금약정서를
작성하고 기부금을 송금하면 기부금영수증을 보내준다.

구분	방법	비 고
개인	세액공제방식	근로자 등은 기부금액의 15%(1천만 원 초과 30%)를 소득세에서 공제한다.
	필요경비산입	사업자는 필요경비로 산입할 수 있다. 한계세율이 15%보다 크다면 손금산입하는 방법이 유리하다.
법인	손금산입	손금으로 산입할 수 있다. 과세소득이 없는 경우 다음 연도로 이월할 수 있다.

장학금을 기부하면 장학금의 선정을 요청받을 수 있다. 후배의
사정을 살펴 장학생을 선정하는 것은 뜻깊은 일이지만 어려운 경우
학생회장이나 교수님의 도움을 받아도 좋다.

일반적인 대학교의 동창회는 매년 말 학과인의 밤 등 행사를 개최하면서 기부금 수여식을 한다. 학과행사에 참여하고 기념사진을 남겨 보는 것은 보람된 일이다.

또한 대학은 발전기금기부자에게 학교시설(수련원 등)을 저렴한 가격에 이용할 수 있는 등의 혜택을 부여하고 있다. 가족 친지 혹은 임직원과 워크숍 장소로 이용하여도 좋을 듯하다.

기부금 한 번으로 비용도 줄이고, 학교행사에도 참석하고, 재학생도 만나며, 직원의 복리후생도 챙길 수 있으므로 기부문화가 널리 확산되었으면 한다.

기부금 단체의 조회

1. 국세청 홈택스
① 국세청 홈택스 웹사이트에 접속한다.
② 상단 메뉴에서 "민원증명"을 클릭한 후 "법인신고안내"를 선택한다.
③ "공익법인" 항목을 클릭하여 공익법인 목록을 확인할 수 있다.

2. 1365 기부포털
① 1365 기부포털 웹사이트에 접속한다.
② "기부단체" 메뉴에서 "국세청 공익법인"을 선택한다.
③ 여기서 공익법인 결산서류 및 기부금품의 모집 및 지출명세서를 확인할 수 있다.

Ⅱ 공익법인의 설립. 기부금단체란?

종교, 교육, 사회복지, 의료, 문화 등 불특정 다수를 위한 공익사업을 영위하는 비영리법인 등을 말한다(상증법 제16조, 상증령 제12조). 세법은 용어를 정비하면서 법정기부금단체와 지정기부금단체를 공익법인으로 통일하고, 기부금대상 민간단체를 공익단체로 통일하였다(2020년 개정). 기부금단체가 아닌 비영리법인은 증여세 과세되고, 기부금 처리가 불가능하다.

1. 기부금단체의 조세특례

1) 공익법인에게 재산을 출연하는 경우 상속세·증여세 과세가액에 포함하지 않는다.

2) 공익법인에게 기부금을 지출하는 경우 연말정산시 기부금세액공제 대상에 포함한다.

3) 종교·자선·학술·구호 그 밖의 공익목적으로 공익법인이 공급하는 일정한 재화 또는 용역 등에 대해 부가가치세를 과세하지 않는다.

4) 공익법인이 고유목적사업 등에 지출하기 위해 고유목적사업준비금을 계상한 경우 해당 사업연도의 손금에 산입할 수 있다.

2. 공익법인 요약

1) 보통 민법상 재단법인을 설립하고, 설립한 연도 중에 기부금단체로 지정받아야 한다. 부득이한 경우 설립 3개월 내에 지정기부금 단체 등록 신청해야 한다.

2) 공익법인의 주무관청을 신중히 정하여야 하고, 정관작성에 유의하여야 한다. 정관작성시, 지정기부금단체 지정 요건에 맞게 작성하여야 한다.

3) 홈페이지에 국세청 및 주무관청 배너와 기부금 모집 및 활용실적 공개를 하여야 한다.
출연재산은 3년 내 공익목적 사업에 사용하여야 한다.

4) 출연자산 매각대금은 1년 내 30%, 2년 내 60%, 3년 내 90%를 사용하여야 한다.

5) 출연재산 운용소득은 1년 내 80%를 공익목적에 사용하여야 한다.

6) 이사 수의 1/5을 초과 시, 계열사 퇴직 후 3년(5년) 내 취임이 제한된다.

7) 내국법인 지분율 5% 이상을 출연받는 경우 증여세가 과세된다.

8) 공익법인 총재산의 30%를 초과하여 보유하는 경우 가산세가 부과된다.

3. 공익법인 연간일정(12월 말 결산법인 가정)

구분	납세협력의무	주요내용
4.30.	출연재산보고서 등 제출	자산·수입금액현황, 출연재산·매각대금·운용소득 사용계획 및 잔액등 제출
	결산서류 등 공시	자산·부채 등 재무상태, 사업수익(기부금 등)·비용 등 운영성과 공시
	연간 기부금모금액과 활용실적 공개	기부금 수입·지출내역 등 공개
	공익법인 의무이행 여부 보고서 제출	전용 계좌 사용, 80% 이상 고유목적사업지출 등 의무이행 여부 보고
6.30.	기부금영수증발급합계표 제출	기부금영수증 발급건수·금액 합계 제출

1) 수익사업이 있는 경우 부가가치세·법인세를 신고하여야 한다.

2) 중규모 공익법인(자산 5~100억 원 or 수입 3~50억 원)은 세무사 등 외부전문가 세무확인서를 제출하여야 한다.

3) 대규모 공익법인(자산 100억 원 이상 or 수입 50억 원 이상)은 외부회계감사보고서를 제출하여야 한다.

4) 총자산가액 1천억 원 이상인 공익법인은 4개 연도 감사인을 자유선임한 후 2개 연도는 국세청에서 지정하는 감사법인에게 회계감사를 받아야 한다.

4. 출연자산 공익목적사용

공익법인은 세제 혜택을 받는 대신 철저한 운영 기준을 준수해야 한다. 다음 의무를 위반할 경우 증여세 또는 가산세가 부과될 수 있다.

1) 출연재산 사용 의무

3년 이내 공익목적사업에 사용해야 하며, 이후에도 지속 사용해야 한다. 미사용 시 증여세 부과를 부과한다(3년 이내 미사용금액, 사용 중단금액 등).

2) 출연재산 매각대금 사용 의무

매각 연도 종료 후 1년 내 30%, 2년 내 60%, 3년 내 90% 이상 공익목적사업에 사용해야 한다. 기준 미달 시 증여세 및 가산세(10%) 부과할 수 있다.

3) 출연재산 운용소득 사용 의무

수익사업에서 발생한 운용소득(이자, 임대료, 배당금 등)의 80% 이상을 1년 내 공익사업에 사용해야 한다. 기준 미달 시 증여세 및 가산세 부과될 수 있다.

4) 수익용 출연재산 사용 의무

일정 기준을 충족하는 공익법인은 매년 수익용 재산의 1~3%를 공익목적사업에 사용해야 한다.

5) 특수관계인 관련 규제

① 이사·임직원 취임 제한 : 출연자 및 특수관계인이 이사 수의 1/5을 초과할 수 없다.

② 자기 내부거래 금지 : 출연재산을 특수관계인에게 무상 또는 저가로 제공 금지된다.

③ 주식 보유 제한 : 동일 내국법인의 발행주식 5%를 초과 보유할 수 없다.

▌강상원 세무사

- ▸ (현) 세무법인 이안컨설팅 강남지점 대표세무사
- ▸ (전) 세무법인 다솔 파트너 세무사
- ▸ (전) 대우건설 세무팀, 자산관리팀, 경영관리팀 재직
- ▸ (전) 강남세무서 국세심사위원
- ▸ (현) 국토부 전문인력(부동산개발, 자산운용)
- ▸ (현) 경기도청 국선대리인
- ▸ (현) 서울특별시 정비사업 코디네이터
- ▸ (현) 세무사회 지방세제도연구위원
- ▸ (현) 서울지방세무사회 세무조정 및 성실신고 상임감리심사위원
- ▸ (현) 세무사고시회 조직부회장
- ▸ (현) 세무사전문분야포럼 건설업 및 부동산개발업 분야 좌장
- ▸ (현) 서울시립대 세무학과, 세무전문대학원 석사, 총동창회 감사
- ▸ (현) 한국세무학회, 한국지방세협회 정회원

▌주요저서

- ▸「건설회사 세무실무」출간(삼일인포마인)
- ▸「2024 세무실무편람」출간(세무사고시회, 강상원 외 9인 공저)
- ▸「한눈에 보는 건설업 세무원리」출간(삼일인포마인)
- ▸「꼭지로 짚은 자영업 세무원리」출간(삼일인포마인)
- ▸「2025 수습세무사매뉴얼」출간(세무사고시회, 강상원 외 4인 공저)
- ▸「건설업 세무와 회계」출간

▌주요논문

- ▸ 지주공동사업의 과세문제(한국세무포럼)
- ▸ 취득세 과세표준 사전검증제도 도입에 관한 연구
  (한국세무사회, 박훈, 허원교수 공동)
- ▸ 개발사업을 통한 이익의 증여 연구(세무사전문분야포럼)
- ▸ 취득세 일반신고 후 중과세 사유 발생 시 취득세 신고의 쟁점과 개선방안
  (한국세무사회, 장보원, 김형태, 심재용, 최현의 공동)

▌연락처

- ▸ 서울 강남구 테헤란로 406 상제리제센터 A동 402호
- ▸ taxenc@naver.com